Alt-Freudenstadt und Alt-Horb

Die historischen Fotos dieses Bildbandes stammen aus dem Archiv des Verlages Gebr. Metz, Tübingen. Die Original-Aufnahmen wurden – der Fototechnik Anfang unseres Jahrhunderts entsprechend – auf beschichteten Glasplatten bis zum Format 18 x 24 cm gemacht. Diese Glasnegative konnten zwar über die Jahrzehnte hinweg im Archiv bewahrt werden; kleinere Beschädigungen wurden von uns in manchen Fällen bewußt nicht retuschiert, um den Charakter der Originale zu erhalten. Somit ist dieses Buch nicht nur eine Darstellung der Städte Freudenstadt, Horb und ihrer Umgebung aus dem Anfang unseres Jahrhunderts, sondern auch eine Dokumentation der damaligen fotografischen Möglichkeiten überhaupt.

Der Verlag

© 1989 by Verlag Gebr. Metz, Tübingen
Layout und Druck: Gebr. Metz, Tübingen
171 Fotos: Bildarchiv Gebr. Metz, Tübingen
Ein Gemeinschaftsprodukt des Verlages
Gebr. Metz, Tübingen und der Südwest Presse
Texte: Gerhard Hertel
(Freudenstadt und Umgebung)
Franz Geßler (Horb)
Manfred Bitzer (Horber Umland)
Idee und Konzeption: Sylvia Lenz
ISBN 3-921580-83-8

Alt-Freudenstadt und Alt-Horb

BILDER AUS ZWEI ALT-WÜRTTEMBERGISCHEN OBERÄMTERN

Verlag Gebr. Metz Tübingen/Südwest Presse
Text G. Hertel, F. Geßler, M. Bitzer

VORWORT

Aus seinem umfangreichen Fundus historischer Bilddokumente hat der Verlag Gebrüder Metz in Tübingen unter Mitarbeit sachkundiger Autoren und der Südwest Presse über unseren Landkreis einen bemerkenswerten Bildband zusammengestellt. Die geschichtlich wertvollen Bilddokumente vieler Ortsteile und Gemeinden des Landkreises tragen dazu bei, die Geschichte unserer Heimat in lockerer Art einer breiten Öffentlichkeit näherzubringen. Die Bilddokumente stammen aus dem Bereich des heutigen Landkreises Freudenstadt, wie er anläßlich der Kreisreform zum 1. 1. 1973 gebildet wurde. Der heutige Kreis besteht aus dem alten Landkreis Freudenstadt und wesentlichen Teilen des nördlichen Gebietes des Kreises Horb, wie dieser in der Zeit von 1938 bis 1972 bestand. Zum neuen Landkreis Freudenstadt kamen noch die Orte Reutin, Peterzell und Römlinsdorf des alten Landkreises Rottweil; vom früheren südbadischen Landkreis Wolfach die Gemeinden Bad Rippoldsau und Schapbach sowie die Gemeinden Betra, Dettensee, Dettingen, Dettlingen, Dießen und Empfingen aus dem ehemaligen hohenzollerischen Landkreis Hechingen. Mit heute knapp 104 000 Einwohnern ist der Landkreis Freudenstadt der zweitkleinste in Baden-Württemberg. Mit 871 km^2 liegt unser Landkreis flächenmäßig gesehen an 18. Stelle der 35 Landkreise.

Anfang dieses Jahrhunderts, als die ersten Fotographien von Städten und Gemeinden entstanden, konnten die Rechtsvorgänger der ehemaligen Landkreise Freudenstadt und Horb, die sogenannten Oberämter, bereits auf ein 100jähriges Bestehen zurückblicken. Infolge des Preßburger Friedens entstand das Königreich Württemberg, dem aus Vorderösterreich auch die Stadt Horb mit den umliegenden Orten zugesprochen wurde. Die ritterschaftlichen Orte im ehemaligen Landkreis Horb wurden durch Napoleon ebenfalls wie die Besitztümer des Johanniterordens dem Königreich Württemberg und damit dem Oberamt Horb zugeteilt.

Die Grenzbereinigungen im jungen Königreich Württemberg dauerten bis 1817 an.

Aus 14 verschiedenen Gebietszugehörigkeiten wurden zu dieser Zeit im Bereich des heutigen Landkreises Freudenstadt sieben neue Verwaltungsbezirke gebildet, wobei die Oberämter Freudenstadt und Horb flächenmäßig den größten Teil ausmachten.

Dieses Verwaltungsgebilde hatte 120 Jahre Bestand. Die nationalsozialistische Landesregierung verfügte zum 1. 10. 1938, daß aus den 64 Oberämtern Württembergs 34 Landkreise und drei Stadtkreise gebildet wurden. Die Oberämter Freudenstadt und Horb überlebten diese Gebietsreform, wobei der Kreis Freudenstadt kleinere Gebiete im Süden und Nordosten dazuerwarb, der Kreis Horb jedoch ganz beträchtlich vergrößert wurde. Diese Gebietsstruktur blieb bis zur Kreisreform 1973 erhalten.

Wie bei allen Reformen riß auch die Kreisreform von 1973 tiefe Wunden. Im Bewußtsein der Bevölkerung mußte man sich schließlich von heute auf morgen von traditionellen Bindungen verabschieden und langsam an neue, unbekannte Strukturen gewöhnen. Das gleiche galt insoweit, als der neue Landkreis Freudenstadt aus dem Regierungsbezirk Südwürttemberg-Hohenzollern ausgegliedert und dem nordbadischen Regierungsbezirk Karlsruhe zugeordnet wurde.

Insgesamt 17 Jahre nach der Kreisreform ist festzustellen, daß die Wunden weitgehend geheilt sind und sich ein neues, in die Zukunft orientiertes Kreisbewußtsein entwickelt hat. Der neue Landkreis Freudenstadt hat in den vergangenen 17 Jahren versucht, die Voraussetzungen dafür zu schaffen, daß unser Lebensraum sowohl zum Wohnen als auch zum Arbeiten attraktiv bleibt und die Menschen sich in einem der schönsten "Ferienlandkreise" zu Hause fühlen.

Der vorliegende Bildband trägt dazu bei, aus den gemeinsamen Wurzeln unserer Geschichte Erkenntnisse für unsere Zeit zu gewinnen und daraus die Kraft zu schöpfen, sich ständig für eine Weiterentwicklung unserer Gesellschaft einzusetzen.

Gerhard Mauer
Landrat

WIE KAM ES ZUR GRÜNDUNG FREUDENSTADTS?

Herzog Friedrich I. von Württemberg (1557-1608) ließ am 22. 3. 1599 ob St. Christophstal eine neue Stadt, der er 1601 den Namen Freudenstadt gab, durch seinen Baumeister Heinrich Schickhardt abstecken.

Wenig hat man sich in der Vergangenheit darum gekümmert, in welchem politischen Umfeld die Gründung geschah. So hat man über Jahrhunderte hinweg ohne ernstliche Prüfung die außerordentlich saloppe Deutung weitergegeben, Freudenstadt sei "des Bergbaus wegen" gegründet worden, obwohl die Bergleute im Christophstal (mit Familienangehörigen ca. 300 Leute) wohl kaum einer Stadt für über 3000 Einwohner mit einem mächtigen Schloß in der Stadtmitte, das größer als das Stuttgarter Schloß geworden wäre, bedurften. Wenn der Herzog die Gründung der Stadt, wie allgemein angenommen, schon 1597 erwog, so müssen hier zwei Daten genannt werden:

Am 27. Juli 1597 erließ Friedrich eine Bergfreiheit, in der er bestimmte, daß die Bergleute in "diesem unserem Tal" Häuser, Stadel und Wohnungen bauen durften; alle Samstage solle im Christophstal ein Wochenmarkt und im Jahr ein oder mehrere Jahrmärkte abgehalten werden. Jeder, der sich häuslich niederläßt, solle Macht haben "zu backen, zu metzgen, Wein zu schenken, Krämerei und allerlei ander Gewerb zu betreiben". Auch eine bürgerliche Obrigkeit solle gestattet sein. War nun so die Absicht des Herzogs klar zu erkennen, daß im Christophstal eine Bergstadt errichtet werden sollte, so ist die Sachlage am 19. 9. 1597 schon eine andere: an diesem Tag wird in Stuttgart ein Vertrag zwischen Herzog Friedrich und dem evangelischen Administrator des Bistums Straßburg, Markgraf Johann Georg von Brandenburg, geschlossen, der das straßburgische Amt Oberkirch (mit seinen Gerichten Oberkirch, Oppenau, Kappelrodeck, Ulm, Renchen und Sasbach), das am Kniebis an Württemberg stieß, der Herrschaft Württembergs unterstellt. Die Hoffnung des Herzogs, das Bistum Straßburg, in dem ein evangelischer und ein katholischer Bischof um die Macht stritten, als Bindeglied zwischen seinen linksrheinischen Besitzungen und dem rechtsrheinischen Württemberg erwerben zu können, rückte damit in greifbare Nähe. Nun ging es nicht mehr nur um eine Bergstadt, sondern um eine zentrale Stadt im Herzen Württembergs, die allerdings - wie Herzog Friedrich in einem Werbebrief ausführte - den Bergleuten "größere Bequemlichkeit" bot. So kam es zu dem von Herzog Friedrich korrigierten Stadtplan Schickhardts, der in eine volkreiche Stadt ein Schloß setzte, das ganz sicher in dieser politischen Situation nicht nur in der Baulust und Prachtliebe des Herzogs seinen Grund hatte. Mit dem Bergbau hatte das alles nur noch am Rande zu tun.

Schon Prof. Dr. Manfred Eimer schrieb in seiner "Geschichte der Stadt Freudenstadt", daß die Anlage einer Großstadt im Schwarzwald "allein des Bergbaus wegen" wohl ein allzu kühnes Unternehmen gewesen wäre. Erst die Glaubensflüchtlinge aus Steiermark, Kärnten und Krain, die von den Habsburgern nach dem Edikt von Graz (Sept. 1598) vertrieben wurden, hätten die Anlage einer so großen Stadt gerechtfertigt. Aber auch diese These kann wenig überzeugen. Nach eigenem Bekunden Schickhardts wurden die ersten Häuser der neuen Stadt nach dem sogenannten Leinwandplan abgesteckt, dem aber verschiedene Pläne Schickhardts vorausgingen. Auch diese Pläne lassen Schloß und eine mächtige Stadtanlage erkennen, Pläne, die im Laufe des Jahres 1598, vielleicht aber schon 1597 gefertigt wurden. Herzog Friedrich hat also die Anlage der "Großstadt" erwogen, als das habsburgische Vertreibungs-Edikt noch gar nicht erlassen war. Natürlich kamen ihm die Flüchtlinge als Glaubensverwandte zupaß. Aber erst im November 1601 erließ er seine Ausschreibung, die auch nach Innerösterreich ging in der er aufforderte, in seine neue Stadt zu kommen, die viele Freiheiten, auch Steuerfreiheit bot. Daß er es von allem Anfang an ablehnte, eine Festung (Theodor Heuss sprach von

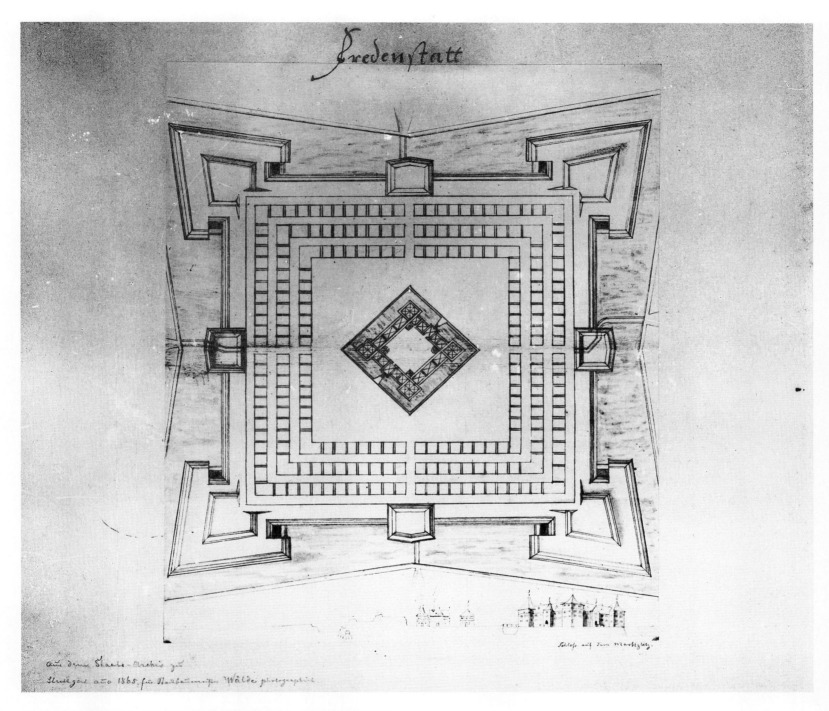

Einer der Pläne Heinrich Schickhardts, die zwischen 1597 und 1599
entstanden. Herzog Friedrich setzte entgegen der Ansicht Schickhardts
das Schloß "ohne fortifikatorischen Effekt" mitten auf den Markt.
Auch die Dreieckschanzen wurden vom Herzog, der keine Militär-
festung, sondern eine Residenzstadt gründen wollte, weggestrichen.

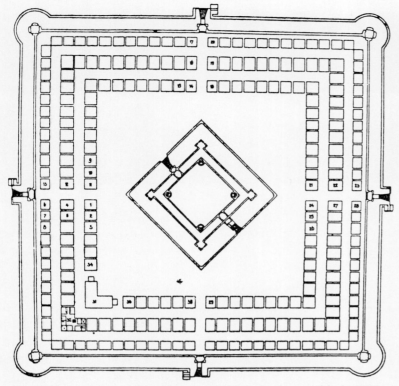

Nach diesem sogenannten "Leinwandplan" wurden am 22. 3. 1599 die ersten Häuser der neuen Stadt durch Heinrich Schickhardt abgesteckt. Eine mittelalterliche Stadtmauer umschließt die Renaissancestadt, deren Vorbilder unschwer in den norditalienischen Zentralstädten zu finden sind. Theodor Heuss nannte Freudenstadt "die erste höher entwickelte Stadtgründung nördlich der Alpen", die "more geometrico", in geometrischer Weise angelegt wurde.

einer Sperrfestung) am Kniebis zu errichten, wurde bereits berichtet. Schließlich hatte Friedrich, der Herrscher eines deutsch-französischen Staates, enge Beziehungen zu den Hugenotten und vor allem zu deren Anführer Heinrich von Navarra, der Friedrich seinen "ancien ami et allié de ma couronne" (den alten Freund und Verbündeten seiner Krone) nannte. Die Errichtung eines "Zwischenreichs", das von der burgundischen Pforte bis Stuttgart reichen sollte, wurde von Anfang an von dem befreundeten Franzosenkönig unterstützt. Friedrich ging es mit der neuen Stadt im Zentrum seines Territoriums um eine Residenzstadt.

Am 22. März 1599, ließ Herzog Friedrich die ersten Häuser der "Freudenstadt" abstecken. Freudenstadt aber wurde zu seinen Lebzeiten nie der Landschaft unterstellt, nie dem Herzogtum inkorporiert. Die neue Residenzstadt war dem Einfluß der Landstände entzogen, war Friedrichs Privateigentum, das in seinen großen Plänen eine besondere Rolle spielte. Noch im Januar 1608, kurz vor dem Tod Friedrichs, gab er den Befehl, für die geplante Hofhaltung Viehscheuern in der Stadt anstelle der Schöllkopfhäuser zu errichten, die ursprünglich der Hofhaltung dienen sollten. Die Herrenfelder und die Äcker im Nickentäle werden in diesem Zusammenhang erwähnt; sie sollten in Wiesen umgewandelt werden. Der Herzog hatte also seine Pläne, aus Freudenstadt eine Residenzstadt zu machen, bis zu seinem Tode nicht aufgegeben. Gerade war auch der Kardinal Karl von Straßburg gestorben. Durch Friedrichs Tod war es nicht mehr möglich, die Nachfolge im Bistum durch den österreichischen Koadjutor, Erzherzog Leopold, zu verhindern! Und der Tod des Herzogs war es auch, der im Januar 1608 das Schloßprojekt in Freudenstadt vereitelte. Hinzuzufügen ist noch, daß Herzog Friedrich 1603 die badischen Ämter Liebenzell und Altensteig erwarb. Mit dem 1595 von Friedrich besetzten Klosteramt Reichenbach, das dem württembergischen Kloster Hirsau unterstand und dessen Schirmherr Württemberg war, wurde die württembergische Grenze weit in den Schwarzwald vorgeschoben. In diesem Zentrum wuchs die neue Stadt auf. Mit dem Amt Oberkirch aber reichte Württemberg bis zum Rhein und hatte einen Fuß im Straßburger Bistum. Diesem war als Koadjutor der österreichische Erzherzog Leopold, der Bruder des Ketzerverfolgers Ferdinand von Steiermark, vom Kaiser aufgenötigt worden. Dies war jedoch dem französischen König Heinrich IV. ein Dorn im Auge. Die habsburgische Macht, die über Spanien in die neue Welt reichte und die Frankreich umklammerte, war dabei, nun auch im Elsaß mit den dortigen österreichischen Gebieten - Ensisheim,

Belfort - einen Länderblock zu bilden, den der König als bedrohlich empfinden mußte. Immer wieder forderte er von Kardinal Karl von Straßburg, der seinen evangelischen Gegenspieler Joh. Georg von Brandenburg ausgeschaltet und nun endgültig 1604 im Hagenauer Vertrag sein Amt Oberkirch an Württemberg abgetreten hatte, den "Österreicher abzuschaffen". Dies war aber dem vom Kaiser mit dem Bistum belehnten Kirchenfürsten nicht möglich. Um so begründeter war Herzog Friedrichs Hoffnung, nach Kardinal Karl die Nachfolge im Bistum Straßburg mit Frankreichs Hilfe antreten zu können, und so das links- und rechtsrheinische Württemberg zu einem mächtigen Staat zusammenzuschließen: ein "Zwischenreich", das in das politische Geschehen kraftvoll eingreifen konnte. Friedrich war nahe am Ziel; schon 1609 wurde das Bistum von den Unionstruppen im Jülichschen Erbstreit besetzt. Die schwächliche Haltung von Friedrichs Nachfolger und der Mord an König Heinrich IV. im Jahre 1610 machten aber alles zunichte, was Friedrich mit so großer Energie betrieben hatte. Ist es also abwegig zu vermuten, daß die neue fürstliche Stadt das Zentrum eines großen Württembergs bilden sollte? Schließlich hat kein Geringerer als Prof. Dr. Decker-Hauff in seiner Festrede anläßlich des 900jährigen Bestehens von Klosterreichenbach darauf hingewiesen, daß Freudenstadt seine Gründung der Westpolitik Herzog Friedrichs verdankt. Auf Herzog Friedrich aber, in dem viele Historiker den bedeutendsten und regsamsten deutschen Fürsten seiner Zeit sehen, trifft wie auf keinen anderen das Schillerwort zu: "Von der Parteien Haß und Gunst verwirrt, schwankt sein Charakterbild in der Geschichte."

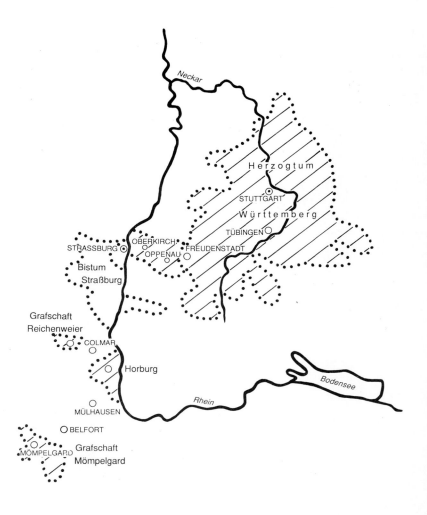

KURZE GESCHICHTE FREUDENSTADTS

1597. Nachdem Herzog Friedrich von Württemberg im Straßburger Bischofskrieg das rechtsrheinische Bistum Straßburg als Landbrücke zu den Besitzungen Württembergs im Elsaß und an der burgundischen Pforte (Mömpelgard-Montbéliard) in seinen Besitz gebracht hat, gibt er seinem Baumeister Heinrich Schickhardt den Auftrag, im Zentrum seines Staates eine neue Stadt anzulegen.

22. März 1599. Schickhardt steckt die ersten Häuser "mitten im förchtigen Wald" ab. Im Mittelpunkt soll ein mächtiges Residenzschloß (größer als das Stuttgarter Schloß) entstehen. Arkaden umziehen den riesigen Platz, der in den Ecken mit Gebäuden im Winkelhakenbau markiert wird (darunter die prächtige Stadtkirche, die mit ihrer Wappendecke und mittelalterlichen Kunstwerken den Herrschaftsanspruch und die Geschichte Württembergs bezeugen soll). Theodor Heuss nennt Freudenstadt mit seinem Renaissanceplan, der einem Mühlespiel ähnelt, den "ersten höherentwickelten Städtebau nördlich der Alpen."

1601. Herzog Friedrich gibt bei der Grundsteinlegung der Stadtkirche der Stadt ihren Namen: Freudenstadt. Ist die neue Stadt, die für 3500 Einwohner gedacht ist (Berlin hatte damals 6000!), für ihn eine heimliche Hauptstadt?

1602. Glaubensflüchtlinge, von den Habsburgern aus Steiermark, Kärnten und Krain vertrieben, finden in Freudenstadt Heimat und Zuflucht. Der erste Pfarrer, Leban, ist ein Vertriebener (Exulant); er legt im Dezember 1602 das erste Taufbuch an.

1604. Der Bergbau im nahegelegenen Christophstal, der die Stadtgründung mit beeinflußt hat, wird von Herzog Friedrich mit Eisen- und Messingwerken erweitert. Trotzdem ist die "Großstadt" im Schwarzwald keine Bergarbeitersiedlung.

1608. Herzog Friedrich stirbt und mit ihm seine große Staatsidee, die sich aus seinen engen Verbindungen zu Frankreich und England (Friedrich gehörte dem Ordenskapitel des englischen Hosenbandordens an 5. Stelle an!) ergab. Das Schloß im Zentrum des "Zwischenreiches" zwischen Deutschland und Frankreich wird von dem schwächlichen Nachfolger des Herzogs nicht mehr gebaut.

1610. Die Pest kommt über die ersten Anwohner und dezimiert die Einwohnerschaft empfindlich.

1627. Das Bärenschlößle, der Alters- und wahrscheinlich auch Amtssitz des Generalfaktors im Christophstal, Peter Stein, wird gebaut. Gleichzeitig wird der große Geschenktaler in der Münze im Christophstal geprägt, der die Stadt mit dem Plankenzaun zeigt, den man auch vom berühmten Merian-Stich her kennt. Immer noch gibt es in Freudenstadt keine Stadtmauer.

1632. Ein Brand vernichtet die Hälfte der Stadt.

1634. Nach der Niederlage der Protestanten bei Nördlingen verheeren die "Kaiserlichen" Württemberg. Freudenstadt wird im Dreißigjährigen Krieg von Freund und Feind geplündert. Eine neue Pestwelle ist die Folge.

1652. Die Bevölkerungszahl ist auf ein Viertel zurückgegangen.

1667. Herzog Eberhard III., im Dreißigjährigen Krieg von den Habsburgern aus Württemberg vertrieben, plant an der Grenze seines Staates eine Hauptfestung, in die sich "Herrschaft und Untertanen in Kriegszeiten flüchten könnten". Ein Steuerfreipatent zieht Neubürger in die Stadt, die eine neue Blüte erfährt.

1669. Ein Rathaus wird gebaut.

1674. Der Festungsbau wird nach dem Tode des Herzogs Eberhard eingestellt, weil militärische Fachleute der Festungsanlage keinen militärischen Wert zusprechen.

1688. Der Pfälzische Krieg bringt erneute Leiden. Dabei werden nicht nur die Franzosen, sondern auch die verbündeten Truppen als Bedrücker empfunden. Die Baiersbronner vernichten die österreichische Reiterschwadron des Rittmeisters Slotzky, weil der "Schutz" unerträglich wurde.

1704. Prinz Eugen von Savoyen zieht im Spanischen Erbfolgekrieg mit seinen Truppen vom Rheintal her durch Freudenstadt.

1737. In der Stadt - jetzt Etappenort für die Reichsfestung Kehl - entsteht eine Kaserne.

1784. Auf dem Marktplatz wird trotz des Einspruchs der Bürger die Oberamtei errichtet. Die neue Poststraße, der Grenzverkehr und der Gewerbefleiß (besonders der Tuchmacher, Nagel- und Messerschmiede, Ochsen- und Schafhändler) verbreiten bescheidenen Wohlstand, wovon noch die drei Steinbrunnen auf dem Marktplatz zeugen.

1796–1805. Truppendurchmärsche in der napoleonischen Zeit bringen drückende Lasten.

1807. Ludwig Luz aus Dornstetten wird Posthalter; sein Gasthof Löwen-Post ist bald das erste Haus am Platz.

1833. Als Ablösung der Holz- und Weiderechte im Staatswald erhält die Stadt den großen Stadtwald (2450 ha), ihren wertvollsten Besitz. An der im Bau befindlichen neuen Kniebisstraße errichtet der Bierbrauer M. Laufer den Gasthof Rappen.

1839. Die staatlichen Gebäude der alten Werke im Christophstal werden verkauft (u. a. entsteht dort eine Tuchfabrik) und die neuen Werke im nahen Friedrichstal vergrößert (jetzt "Schwäbische Hüttenwerke").

1841. Eine eigene Zeitung "Der Grenzer" erscheint.

1849. Unter der schwarz-rot-goldenen Revolutionsfahne eilt ein bewaffneter Zug Freudenstädter Bürger dem aus Frankfurt (Paulskirche) geflüchteten Rumpfparlament in Stuttgart zu Hilfe. Zahlreiche Freudenstädter werden zu langjährigen Freiheitsstrafen verurteilt.

1854. Die Auswanderung nach den USA infolge Arbeitslosigkeit steigt stark an.

1859. Die katholische Kirche wird gebaut, die nun auch den bisher nach dem badischen Rippoldsau eingepfarrten Bewohnern von Zwieselberg dient.

1864. Die vier Stadttore werden als Verkehrshindernisse nacheinander abgebrochen und die Wälle abgetragen.

1875. Dank eines Vermächtnisses von Tuchmacher Jakob Möhrle bildet sich ein Verschönerungsverein, der bis 1919 viel Wertvolles schafft.

1876. Alfred Hartranft, als junger Justizassessor zum Stadtschultheiß gewählt, macht in mehr als vierzigjähriger zielstrebiger Arbeit aus dem Hinterwäldlerstädtchen den weltbekannten Höhenluftkurort.

1878. Die Witwe des Lindenwirts Adrion lädt im "Stadtanzeiger" zur Sommerfrische ein.

1879. Durch die "Gäubahn" wird die Stadt mit Stuttgart verbunden (sieben Jahre später folgt die Fortsetzung ins Kinzigtal). Neben dem Bahnhof errichtet Ernst Luz das Schwarzwaldhotel Zur Post und gibt den ersten "Führer durch Freudenstadt und Umgebung" heraus.

1882. Die neue Straße über Zwieselberg ermöglicht die unmittelbare Verbindung mit dem Bad Rippoldsau.

1890 und in den folgenden Jahren entsteht das Kurviertel. Größere Gebäude wie das Diakonissenerholungsheim (1892), das Kurhaus Palmenwald (1894), das Haus Schierenberg (1895 gebaut von einem rheinischen Großkaufmann, 1937 zu Leseräumen eingerichtet) und das Ev. Erholungsheim werden erstellt (1899).

1898. Karl Luz erwirbt das Hotel Waldeck und erweitert es, die Schwiegersöhne Lutz und Bässler führen es weiter.

1899. Das Jubiläum der Stadtgründung wird glanzvoll gefeiert. Auf dem Kienberg wird der "Friedrichsturm" errichtet.

1900. Ernst Luz d. J. gründet das Hotel Waldlust.

1901. Die Murgtalbahn (vom Stadtbahnhof bis Friedrichstal zuerst Zahnradbahn) wird bis Klosterreichenbach eröffnet; der Anschluß nach Rastatt erfolgt erst 1928.

1902. Das erste, später vergrößerte Kurtheater wird gebaut, 1912 eine Wandelhalle mit Musikmuschel angefügt, 1924 das ehemalige Friedhofsgelände als Kurpark angelegt.

1909. Erster Schneeschuhlaufkurs.

1912. Die Kurzeitung für Freudenstadt und Umgebung erscheint.

1914. Im ersten Weltkrieg werden sieben Lazarette eingerichtet.

1919. Stadtschultheiß Dr. Blaicher (gest. 1944) macht sich um Stadt und Kurwesen verdient, unterstützt durch Kurdirektor Dr. Laufer (gest. 1948).

1927 und in den folgenden Jahren herrscht wieder starke Bautätigkeit, u. a. erstehen Posterholungsheime, das Evangelische Gemeindehaus, die Kepler-Oberschule, das Kurhaus St. Elisabeth, das Theodor-Fliedner-Heim.

1929. Der Golfplatz wird eröffnet.

1935. Die Höhenstraße Besenfeld – Wildbad ist fertiggestellt.

1936. Die Kniebisstraße wird bedeutend verbessert.

1937. 65 000 Gäste, darunter viele Ausländer.

1940. Während des Westfeldzugs befindet sich in Freudenstadt ein Armeeoberkommando; Hitlers Hauptquartier liegt im Kniebisgebiet. Obwohl die Stadt zahlreiche Lazarette beherbergt, ist Freudenstadt nach der Genfer Konvention keine Lazarettstadt, weil die Stadt im Festungsbereich des Westwalls liegt.

1945. Die deutsche Verteidigung (von Nazigauleiter Murr bis zum letzten Mauerrest befohlen), versucht mit schwachen Kräften den französischen Vormarsch auf Freudenstadt aufzuhalten; der befehlshabende deutsche General setzt sich mit seinem Befehlsstand in einem Freudenstädter Hotel fest. Erst in der Nacht zum 17. April gibt der General den Befehl, die Front, die seither sechs km nördlich von Freudenstadt verlief, auf eine Linie sechs km südlich von Freudenstadt zurückzunehmen. Aber in der Zwischenzeit hat das französische Artilleriefeuer, begünstigt durch Holzbauweise und Wassermangel, die Innenstadt in Brand gesetzt. Als die Franzosen in die Stadt einrücken, ist Freudenstadt ein einziges Flammenmeer. Willkürliche Brandstiftungen (Alkoholeinfluß bei den überwiegend farbigen Truppen) tun ein übriges, die Stadt zu zerstören. Die Eisenbahnbrücken wurden vorher schon von den abrückenden deutschen Truppen gesprengt.

1949–1954 Wiederaufbau der Stadt.

UM DEN MARKTPLATZ

Der riesige Marktplatz mit einem Ausmaß von ca. 220 x 220 m läßt heute noch die fürstlichen Absichten erkennen. Die Arkaden, die den Marktplatz umziehen, sind auf das (nie gebaute) Schloß ausgerichtet. Hofgesellschaften sollten hier flanieren. Noch kurz vor seinem Tode im Januar 1608 beschäftigte sich Herzog Friedrich mit dem Schloßbau, der im Zentrum des Marktplatzes errichtet werden sollte. Mit den großen repräsentativen Bauten, die im Winkelhaken an den Ecken des Platzes errichtet wurden (Stadtkirche, Kaufhaus, Rathaus, Spital) erhielt der Marktplatz sein besonderes Gepräge. Der Grundstein zu der zweitürmigen Stadtkirche wurde 1601 gelegt; gleichzeitig nannte der Herzog seine Stadt "Freudenstadt".

1907

Die Weitläufigkeit des Platzes läßt dieses Bild besonders eindrucksvoll erkennen.

1904

Nach dem Tod des Herzogs waren die großen Träume der herzoglichen Residenzstadt zu Ende. Der schwächliche Nachfolger war nicht imstande, die große Staatsidee seines Vaters, der als enger Freund König Heinrichs IV. von Frankreich an einer Neuordnung eines freiheitlichen Europas gegen die Zwingherrschaft der Habsburger mitwirkte, weiter zu verfolgen. So wurde aus dem Schloßplatz ein Platz der Kleinbürger, die auf ihm Gärten anlegten, in denen sie Kraut und Rüben pflanzten - seltsamer Gegensatz zu der herzoglichen Schloßkirche im Hintergrund.

1907

Blick auf den unteren Marktplatz mit dem Kaufhausbau, der später zu Ehren des herzoglichen Baumeisters "Schickhardt-Bau" genannt wurde. Er diente über Jahrhunderte hinweg verschiedenen Behörden als Unterkunft. Neben der Fruchtschranne waren in ihm später Forstamt, Amtsgericht, Realschule und Heimatmuseum untergebracht. Der Grundstein trägt die Jahreszahl 1606.

1902

Nachdem schon 1784 der Oberamtmann seine Oberamtei mitten auf den Markt gesetzt hatte - übrigens unter heftigem Protest der Freudenstädter - wurde 1895 das Postamt im Stile eines kleinen Schlosses im Zentrum des Marktplatzes errichtet. Im Hintergrund sieht man das Rathaus mit seinem kleinen Türmchen, das nach dem Stadtbrand von 1632 beim Festungsbau 1670 erbaut worden war, als viele Neubürger durch ein Steuerfreipatent in die Stadt gelockt wurden. Der "Winkelhakenbau" ist deutlich erkennbar.

1907

Der Rathausbrunnen wird von einer Figur gekrönt, die den Herzog Karl Eugen (1744-1752) darstellen soll. 1780 hatte er mit seiner Franziska von Hohenheim die Stadt besucht und das Füllhorn, das auf der Brunnensäule zu sehen ist, für die Ortsarmen geöffnet. Der obere Marktplatz war der Platz, auf dem die Märkte abgehalten wurden. Deshalb befindet sich auch hier das Waaghäusle, das den Verschönerungsverein, der 1881 einen Musikpavillon auf den Platz setzte, in keiner Weise störte. Der Marktplatz wird von der Oberamtei mit dem Ökonomiegebäude (der Landrat hatte auch eine Landwirtschaft) begrenzt. Vom fernen Kienberg grüßt der 1899 bei der 300-Jahrfeier errichtete Herzog-Friedrichs-Turm.

1905

Das Königliche Postamt, das sich bis 1895 im gegenüberliegenden Gebäude befand, dem späteren Wachthaus, in dem nun Polizei und Feuerwehr untergebracht waren. Vor dem Wachthaus steht der Neptunbrunnen, 1763 vom Bildhauer Jakob Reich aus Dornstetten geschaffen.

1905

Wahrzeichen und Herzstück der Stadt war von Anfang an die Stadtkirche, die als Schloßkirche mit einer ungeheuren Pracht ausgestattet war, die 1945 im Granatenhagel vernichtet wurde. Herzog Friedrich wollte in seiner neuen Residenzstadt eine Kirche errichten, die "altehrwürdig" aussehen sollte. Deshalb auch das gotisch wirkende Scheingewölbe mit den 140 Wappen der Amtsstädte Württembergs und der Vorfahren des Herzogs. Wie Sterne um die Sonne scharten sich diese Wappen um das herzogliche Wappen, das vom englischen Hosenbandorden und dem französischen Michaelsorden umschlungen war. Herzog Friedrich nannte sich mit Stolz "Ritter beeder Orden" von Frankreich und England. Im Ordenskapitel des englischen Hosenbandordens, in den er 1597 durch Königin Elisabeth von England aufgenommen worden war, saß der württembergische Herzog an 5. Stelle! Dies alles ist Beweis dafür, daß der Herzog nicht nur aus Eitelkeit nach diesen Orden strebte, sondern daß er im großen europäischen Glaubensstreit eine weltpolitische Rolle auf der Seite der gegen das habsburgische Weltreich aufbegehrenden protestierenden Mächte spielte. Württemberg, ein deutsch-französischer Staat, in dem 400 Jahre lang Deutsche und Franzosen gleichberechtigt zusammenlebten (Mömpelgard), war besonders prädestiniert, Europa zu einem freiheitlichen Staatenverband, in dem sich Katholiken und Protestanten tolerierten, im Großen Plan des französischen Königs Heinrichs IV. zusammenzuführen. An der Wappendecke befand sich übrigens auch das Wappen des Herzogtums Alençon in der Normandie, das König Heinrich seinem württembergischen Freund abgetreten hatte. Die Kirche wurde 1601-1608 von Heinrich Schickhardt unter der Bauleitung von Elias Gunzenhäuser aufgebaut, der auch die Zimmermannsarbeit des Gewölbes fertigte. Die Stuckarbeiten, besonders die 26 prächtigen Emporenreliefs, die Bilder aus der biblischen Geschichte, Patriarchen und Propheten zeigen,

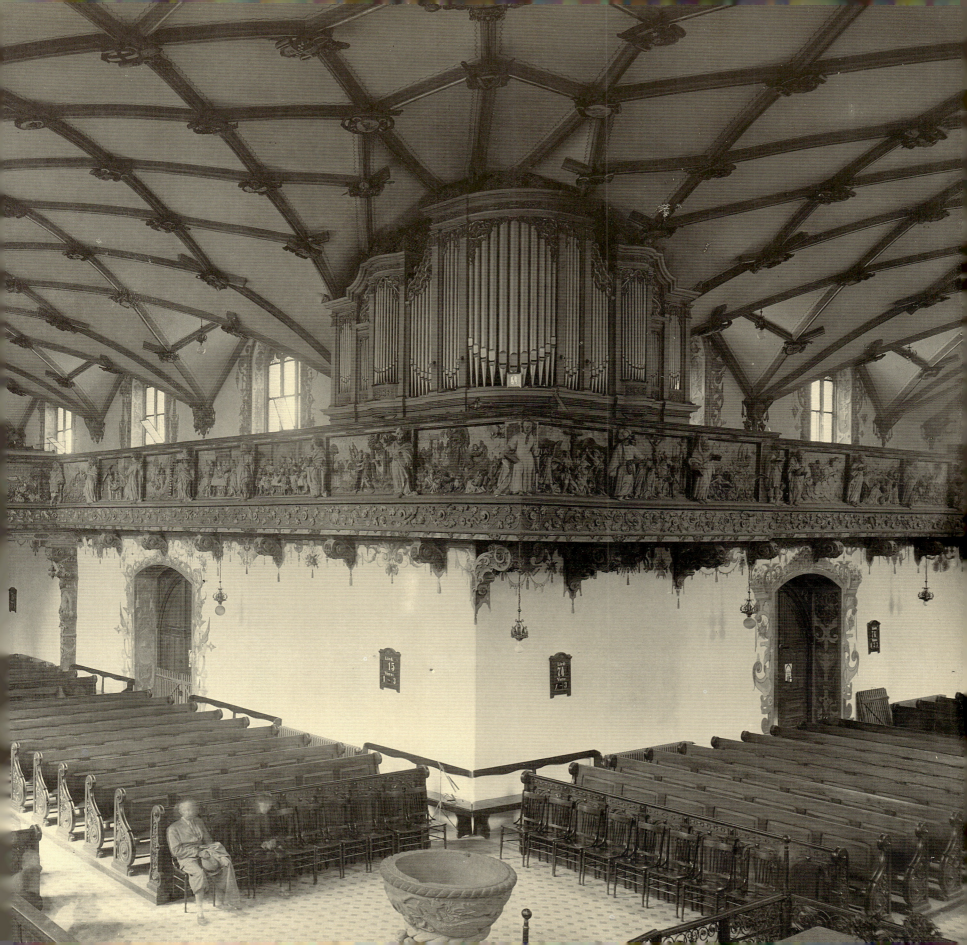

wurden vom Kalkschneider Gerhard Schmidt gestaltet. Die Kirche erstrahlte in einem Glanz von Farbe und Gold, der vor allem den Malern Züberlin und Apelles Schickhardt zu verdanken war. Am 1. Mai 1608 hielt hier Stadtpfarrer Veringer die erste Predigt. Den Namen Freudenstadt deutete er so: "Nit allein weil ihre fürstlich Gnaden eine besondere Freude an seiner besonderen Stadt gehabt, sondern weil hier etliche verjagte Christenleut eine neue Heimat, eine Freudenstadt gefunden haben".

Mittelalterliche Kunstwerke ließ Herzog Friedrich in die neue Kirche bringen, um Geschichte und Tradition seines Hauses besonders hervorzuheben.

Ein Taufstein aus dem Jahre 1100, der den Glaubenskampf mittelalterlicher Mönche im Ringen dämonischer Mächte mit den Kräften des Lichtes besonders deutlich macht, war von 1608 an die Stätte, wo alle Freudenstädter getauft wurden. Unter der Kanzel steht das weltberühmte Lesepult aus dem Jahre 1150 des Klosters Hirsau, das Dekan Gerhardt aus der brennenden Kirche rettete. Das spätgotische Kruzifix mit seinem ergreifenden Gesichtsausdruck, das je nach Betrachtung einen leidenden, sterbenden und toten Christus zeigt, wurde ebenfalls gerettet, nicht aber der gotische Chorstuhl von Konrad Widmann, der - obwohl eingemauert - ein Opfer der Granaten wurde.

Freudenstadt besaß nie wie andere Städte einen gepflasterten, historischen Marktplatz. So gab der obere Marktplatz die Möglichkeit, durch Baumbepflanzung aus ihm einen Kurpark zu gestalten. Von 1877 an hatte der neue Stadtschultheiß Hartranft die Kuridee in die Kleinstadt getragen. Wie Pfarrer Kneipp das Wasser, so betrachtete er die gute Luft als Kurmittel. Hier stehen wir noch ganz am Anfang, als Hartranft seine Bürger erst mühsam überzeugen mußte. Ob wohl der Heuwagen vor dem Waaghäusle am Sonntagmorgen beim Kurkonzert entfernt wurde? Links vorne steht das "Barometerhäusle", ein wichtiges Instrument für die Stadt, von der man sagte, daß sie im schwäbischen Sibirien liege. Auch die Sägmaschine, die den Hausbrand für den langen und strengen Winter lieferte, ist ein für Freudenstadt typisches Gerät.

1905

Die Kurpromenade II hatte nun schon Gestalt gewonnen. Sonntagmorgens trafen sich hier die Bürger und die Kurgäste. Man umrundete den Pavillon, in dem die Stadtmusik aufspielte, oder stand in kleinen Gruppen zu einem Schwatz beieinander.

Der alte Fernweg nach Straßburg führte diagonal - am Schloß vorbei - über den Marktplatz. An der Loßburger Straße stand das stattliche Hotel Krone, von dem dieser Teil des Marktplatzes den Namen das Kronenviertel erhielt. Der Färberbrunnen war dort aufgestellt, weil in diesem Viertel zahlreiche Färber ihrem Gewerbe nachgingen.

1908

*Die Gärten des Marktplatzes wurden bereits für die Kurgäste genutzt.
Im Vordergrund der Garten des Hotels Krone.*

1908

Der Kronenwirt mit Hund im Kronengarten.

1908

*Der Marktplatz (Ostseite)
vom Rathaus bis zum "Roseneck"*

Das Kaufhaus Stock zur Linde war ursprünglich eine Gastwirtschaft. Die Konzession wird bis auf den heutigen Tag erhalten. Der Kaufmann Stock hatte in seinem großen Gemischtwarengeschäft fast alles was das Herz begehrte, vom Kaviar bis zur Stiefelwichse. Der Kindermund formte den Vers: "Friedrich Stock zur Linde hat alles was man will, nur was man will das hat er nicht und was er hat, das will man nicht, Friedrich Stock zur Linde hat alles was man will."

1909

Bismarck-Heringe aber konnten auch in der Apotheke gekauft werden. Freudenstadt besaß deren zwei: die Adler-Apotheke und die Löwen-Apotheke, nach dem daneben liegenden Hotel Löwen-Post benannt.

Von "Stock zur Linde" führte die Stuttgarter Straße am Hotel Post und der Löwen-Apotheke vorbei zum Stuttgarter Tor. Leider wurden alle Tore als Verkehrshindernisse in den 60er Jahren des vorigen Jahrhunderts abgebrochen.

1905

*Vor dem Tor machte die Straße aus festungstechnischen Gründen eine Kurve.
Hier erhob sich ein weiteres Hotel, das Rößle.*

1905

An der Stelle, an der einst ein Tor stand, wurde 1903 die Friedens-
kirche der evangelisch-methodistischen Gemeinde errichtet. Daneben
befand sich das alte Finanzamt, das teilweise aus den Steinen des
Tores gebaut worden war. Im Vordergrund sieht man einige Ziersteine
des alten Tores.

1905

DIE KURSTADT

Schon in der Beschreibung des Oberamtes Freudenstadt von 1858 wurde über das Freudenstädter Klima berichtet: "Infolge der beständigen Luftbewegungen und wegen der bedeutenden Erhebung über die Meeresfläche ist die Luft zwar rein, aber scharf und wird häufig die Ursache zu rheumatischen und entzündlichen Erkrankungen, obgleich sie im allgemeinen wegen ihrer Reinheit und der balsamischen, stärkenden Ausdünstungen der nahegelegenen Waldungen gesund genannt werden darf".

Knapp 20 Jahre später war das für Stadtschultheiß Hartranft Anlaß, die "balsamischen Ausdünstungen" für seine Kurzwecke zu nutzen; in "scharfer" Dialektik wurden nun allerdings die rheumatischen und entzündlichen Erkrankungen genau mit dieser scharfen Luft "kuriert". Hartranft, diesem außergewöhnlichen Stadtoberhaupt, war es zu danken, daß Freudenstadt sich aus einem jahrhundertelangen Dornröschenschlaf erhob und aus einem kleinen Landstädtchen an der Grenze nach Baden sich zu dem entwickelte, was es heute ist. 1910 schrieb der Heimatdichter Heinrich Hansjakob aus dem Kinzigtal in einem Reisebericht: "Aber wie staunte ich, in der Hauptstadt des Kniebisgebiets angekommen, über die Veränderungen, welche die Stadt erfahren hat. Überall neue Straßen, neue Landhäuser, neue Pensionen, neue Restaurants und prächtige Läden. Alles verrät den Sommer- und Winterkurort ersten Ranges".

Perle des Schwarzwaldes

Das war es, was der "reingeschmeckte" Stadtschultheiß in wenigen Jahren aus Freudenstadt gemacht hatte: einen internationalen Kurort ersten Ranges. Hartranft hatte die Heilkraft der frischen Schwarzwaldluft entdeckt. Schon 1881 kam der erste Kurgast. Die Festungswälle wurden abgebrochen, Straßen angelegt, eine der ersten Hauswasserleitungen Württembergs gebaut und Freudenstadt an die Eisenbahn angeschlossen. Promenaden und Spazierwege führten in die Wälder hinein, Anlagen und "Bänkle" luden zum Verweilen ein, Kurhaus und Theater schufen gesellschaftliches Leben. Durch Hartranfts Initiative war die Stadt zur "Perle des Schwarzwaldes" geworden.

Treue Helfer hatte Hartranft in der Familie Luz, die vom Posthotel aus seine Kurpläne unterstützte. Der alte Posthalter hatte in großer Weitsicht beim Eisenbahnanschluß von 1879 am Hauptbahnhof ein Grand-Hotel, das Schwarzwaldhotel errichtet. Schon 1881 gab er einen "Führer durch Freudenstadt" heraus, in dem der Verfasser voller Enthusiasmus schreibt: "In einer Zeit, wo der Kampf ums Dasein besonders heftig wogt, muß es als besonderes Bedürfnis empfunden werden, ein Asyl zu finden, wo der Ermattete, fern dem betäubenden Gewühl des Berufslebens und sicher in dem Gefühl, den werktäglichen Sorgen entrückt zu sein, nichts anderes als ein Mensch zu sein braucht. Luft! Luft! Das ist die Devise unserer Tage, Ruhe und frische Luft allein es sind". Welch eine Vision des alten Hoteliers.

Hartranft schrieb schon um die Jahrhundertwende: "120 000 Morgen geschlossene Waldfläche, ein unübersehbares Meer von Fichten, Forchen, Kiefern, Weißtannen und safttrotzendem unversieglichem Moos- und Heidegrund, zerrissenes Bergland in großartiger bunter Szenerie, das gibt wohl eine Waldfrische, ein Waldleben und eine Waldluft, in der der Mensch gesunden mag als in einer Universalheilstätte für Lungen und Nerven." So könnten auch die Heilanzeigen aus dem Anfang unseres Jahrhunderts fast unverändert in den heutigen Kurprospekt Freudenstadt übernommen werden. Der damalige Oberamtsarzt Lieb stellte fest: "Nach den bisherigen allgemeinen Erfahrungen äußert sich die Heilwirkung vornehmlich bei Erschöpfungszuständen des Nervensystems, bei Bleichsucht und Blutarmut, bei Erkrankungen der Atemwege, aber vor allem auch in der Gesundheitsvorsorge. Jeder Gesunde, der von tiefergelegenen Orten hier eintrifft, bemerkt an sich nach kürzester Frist die Verbesserung der Stimmung, des Schlafes, der Leichtigkeit des Atmens, der Zunahme des Appetits, mit einem Wort: Erleichterung und Steigerung sämtlicher Lebenserscheinungen."

Gekrönte Häupter zu Gast

Der heilklimatische Kurort hat sich aus diesen Wurzeln heraus erfreulich weiterentwickelt. Schon 1937 zählt man 65 000 Gäste, darunter viele Ausländer. Frühzeitig hatte der Hotelier Luz Fremdenwerbung im Ausland betrieben, vor allem in England, so daß er bei seinem Schwarzwaldhotel eine Kapelle errichtete, die von einem anglikanischen Kaplan betreut wurde. Neben den Engländern kamen Amerikaner, darunter Rockefeller mit einem Sonderzug, die Holländer mit Königin Emma, Russen und indische Maharadschahs. Mark Twain kam in den 30er Jahren nach Freudenstadt.

Die Holzfuhrwerke beim Hotel Rappen erinnern noch daran, daß dieses große Kurhotel früher eine Kutscherkneipe war. 1834 war der "Rappen" außerhalb der Stadtumwallung entstanden; Fuhrleute kehrten dort ein, um ihren Durst zu löschen. Auch auf diesem Bild werden vor dem Kurhotel noch Ochsen getränkt und vor das Fuhrwerk gespannt. Der Zimmerplatz des Zimmermeisters Schittenhelm befindet sich in der Nähe.

1909

Unterhalb des "Rappens" entstanden im Wölperwiesenweg eine Villen-Kolonie.

1909

Schon 1902 wurde das Kurtheater errichtet, in dem Theaterdirektor Robert mit einer eigenen Schauspieltruppe agierte, um den Freudenstädter Luftkurgästen auch kulturelle Genüsse zu bieten.

1902

*Am Theater und der Wandelhalle mit Musikmuschel vorbei führte die
Lauterbadstraße zu renommierten Hotels und Sanatorien.*

1909

Schon 1894 entstand aus einer frommen Stiftung des Fabrikanten Lechler das Kurhaus Palmenwald, dessen Name indessen nichts mit Palmwedeln und Hosiannarufen zu tun hat, sondern auf die heute fast ausgestorbene Stechpalme des nahegelegenen Palmenwaldes zurückzuführen ist.

1905

In der Nähe des Kurhauses Palmenwald wurde eine Kapelle errichtet, die auch den "geringeren Brüdern" diente, die im Evangelischen Erholungsheim untergebracht wurden.

1907

1902 entstand - zunächst als Sommerhotel - das Luz-Hotel Waldlust, in dem Fürsten und Könige verkehrten.

Im Vordergrund das sich im Wasserreservoir der Königlich Württembergischen Eisenbahn spiegelnde Park-Hotel. Hier begann der "Palmenwald".

1903

Mark Twain kam in den 30er Jahren in den Schwarzwald und der amerikanische Schriftsteller Louis Untermeyer schrieb über den "Black Forest" : "Wenn ihr klug seid, dann unterbrecht ihr hier (in Freudenstadt) euere Reise auf ein paar Tage. Es gibt nicht weniger als 20 Hotels in Freudenstadt, darunter fünf ersten Ranges. Die "Waldlust" hat eine Lage, deren sich wenige Paläste rühmen können. Badezimmer von römischem Luxus und Ausmaß, Privatbalkone, auf denen das Frühstück - wer kann diese Hörnchen mit Honig vergessen? - vor einem Hintergrund von blauerem Himmel aufgetragen wird, als man ihn sonst auf Erden gewöhnlich findet. Die Aussicht wird nur von dem ersten Anblick der Balearen aus der Ferne übertroffen, oder von dem Panorama bei Bertolini auf der Höhe über Neapel. So müde man sein mag, man sollte sich wenigstens zu einem Sonnenaufgang wecken lassen. Dann sieht man einen weiten Himmelsraum, ein Crescendo von Farben und das Wunder der täglichen Wiedergeburt, größer als das, wofür man eine dumme Nacht auf dem Rigi verbringt. Es mögen weniger Berge in Freudenstadt sein, aber es ist dort weit mehr Morgendämmerung, und da es keinen Seenebel dort gibt, eine weit zuverlässigere".

In einer lieblichen Parklandschaft wurden zahlreiche Villen gebaut. Im Hintergrund erkennen wir "Waldlust", Diakonissenerholungsheim Salem, Evangelisches Erholungsheim und Palmenwald. Auf der Höhe des Kienbergs sehen wir den Herzog-Friedrichs-Turm.

1908

1894 baute der Konditor Hermann Stokinger ein Wald-Café in den "Palmenwald" (am rechten Bildrand), aus dem sich bald ein Waldhotel entwickelte. In diesem Waldhotel hatte der deutsche General von Alberti seinen Gefechtsstand, als in den Apriltagen 1945 die Stadt durch Artilleriebeschuß in Schutt und Asche fiel. Heute dient der "Zollern-Blick" der Friedrich-Ebert-Stiftung, die hier staatsbürgerliche Seminare veranstaltet.

1903

Am Promenadenplatz begann die Straßburger Straße, die auch "Champagner-Straße" genannt wurde im Hinblick auf die vornehmen Gäste, die sich im "Rappen" und im "Waldeck" dem Lebensgenuß hingaben. Hartranft schrieb: Die Kniebisstraße präsentiert sich als Hochquartier der Luftkur, als das Salonkind der Neuzeit, die sich im internen Verkehr zu der Lokalehrenbezeichnung "die Champagnerstraße" aufgeschwungen hat. Links neben dem "Friseur" das Café Schmid, das schon um die Jahrhundertwende von dem Konditor Hammel erworben wurde und das erste Café der neuen Kurstadt war. Daneben die Buchdruckerei Kaupert, die den 1843 gegründeten "Grenzer", die Freudenstädter Heimatzeitung herausgab.

1909

Die Champagner-Straße. Im Hintergrund das Hotel Rappen und die 1905 fertiggestellte Hartranft-Anlage.

1905

Am Promenadenplatz stand das Gasthaus zum roten Löwen, ein bekanntes Speise-Gasthaus (1935 abgebrochen). Links die 1859 erbaute katholische Kirche St. Peter und Paul.

1905

1902 erstellt Hotelier Fritz Laufer den Rappensaal. Noch gibt es in unmittelbarer Nähe Handwerksbetriebe, die die Kurgäste, die in den Hartranft-Anlagen flanieren, offenbar wenig stören.

1905

Der Rappensaal. Hier wurde manches Glas Champagner getrunken.

Auch das Hotel Waldeck, von Hotelier Karl Luz 1898 erworben, wird in den Jahren 1899 bis 1902 gewaltig vergrößert. Der Weg führt an ihm vorbei in den Teuchelwald, auf den Paradekurweg Freudenstadts. Hier wurden schon seit der Stadtgründung das Wasser durch Teucheln, hölzerne Wasserleitungsrohre, in die Stadt geleitet.

1906

Der Löwenbrunnen, eines der "Brünnlein im Teuchelwald".

1904

Im Teuchelwald

Blick vom Kienberg über die "Perle des Schwarzwaldes", die inmitten unermeßlicher Waldungen liegt. Links unten das Kurhotel Waldeck. Im Zentrum der Stadt die zweitürmige Stadtkirche.

1902

Die Villenkolonie beim "Waldeck", die sich zum Kienberg hinaufzieht.

1909

Die katholische Kirche; unten am Promenadenplatz erhob sich das Gasthaus Zum Kronprinzen, heute "Württemberger Hof".

1909

Zahlreiche Kurgäste bevölkern die Kurpromenade. Später wurde die Musikmuschel "gedreht", nachdem der alte Friedhof zum Kurgarten umgestaltet worden war.

Der Kurgarten 1928 mit Musikmuschel.

Hartranft hatte die alten Festungswälle abtragen lassen, um Luft, Licht und Sonne in die Stadt gelangen zu lassen. An Stelle der Festungswälle entstanden "Boulevards" wie hier die Turnhallestraße. 1908 wurde dort auch die Oberamtssparkasse errichtet.

1909

Gegenüber das neue Hotel Herzog Friedrich.

1909

Vom "Palmenwald" aus hatte man einen herrlichen Ausblick auf die Alb. Neben dem Hauptbahnhof, der 1879 entstand, nachdem Freudenstadt durch die Gäubahn mit Stuttgart verbunden worden war, steht links das Schwarzwaldhotel, in dem auch der König von England abstieg. Zahlreiche Engländer fanden sich hier zur Sommerfrische im "Black Forest" ein.

1905

Der Bahnhof, dahinter das Schwarzwaldhotel, in dem auch König Wilhelm II. von Württemberg gerne weilte.

1907

FREUDENSTADT
IM WINTER

Das Hotel Waldeck an der Straßburger Straße

1907

Der Skisport wurde in Freudenstadt vor dem Hotel Rappen seit der Jahrhundertwende betrieben. Dabei hinderten die langen Röcke die Damenwelt nur wenig.

Der verschneite Marktplatz in Freudenstadt.

1903

In das Kurviertel fügte sich das Haus Schierenberg als herrschaftliche Villa ein. Das Gebäude wurde 1895 von einem Großkaufmann errichtet und 1934 von der Stadt gekauft. Heute befinden sich dort die Tennisplätze. Rechts oben das Kurhaus Palmenwald, links das Diakonissenheim Salem. Ganz links das Hotel Waldlust.

1903

Winterfreuden an der Lauterbadstraße.

1907

Schneekünstler fanden in den Schneemassen das geeignete Material, ihre Bildhauerkünste zu erproben. Leider hielten die Kunstwerke nur kurze Zeit.

CHRISTOPHSTAL, KNIEBIS, RIPPOLDSAU

Das Bärenschlößle im Christophstal, 1627 als Amtssitz des obersten Bergbeamten Peter Stein erbaut, erinnert daran, daß das Christophstal die Wiege Freudenstadts gewesen ist. Seit 1267 wurde in diesem Tal nach Silber und Kupfer gegraben.

1909

Herzog Friedrich, ein Liebhaber der Bergwerke, brachte nach seinem Regierungsantritt 1593 industrielle Bewegung ins Tal. Trotzdem galt seine Bergfreiheit von 1597 "diesem unserem Tal" und die Bergleute wohnten nie in der Stadt, mit deren Bewohnern es anfänglich große Streitigkeiten gab. Die Großstadt im Schwarzwald war zwar ein Anziehungspunkt für die Bergleute, ist aber ganz sicher nicht aus Werbegründen für die Bergleute in dieser Großartigkeit mit Schloß und Kirche angelegt worden. Heute ist das Bärenschlößle ein Restaurant; in seiner Nähe befinden sich Wild- und Auerwildgehege. Vom Bärenschlößle aus hatte man von jeher einen prächtigen Blick auf die Stadtsilhouette.

1909

Hier war der Eingang zum Christophsstollen, der sich 600 m unter der Stadt und dem Kienberg hinzog. Die alte Steige im Hintergrund führte zum Forbach und auf der anderen Seite auf den Finkenberg. Von dort gelangte man über die alte Kniebisstraße zum Kniebispaß. Der Fernweg ist schon im 11. Jahrhundert erwähnt; er führte zu den Handelsplätzen der Champagne und bis hin zum Balkan, war also eine europäische Straße im besten Sinne.

1906

Das Holz des Schwarzwaldes wurde in zahlreichen Sägemühlen verarbeitet. Auch hier am Eingang des Christophstals befindet sich eine solche "Säge".

1906

Durch das Tal schlängelt sich der idyllische Forbach.

1906

Die Klosterruine auf dem Kniebis erinnert daran, daß hier schon 1277 ein Kloster gegründet wurde, das den Reisenden Obdach bot. Nach der Reformation 1534 wurde das Kloster aufgehoben; der Gastmeister, der im Gasthaus Ochsen sein Amt ausübte, war gleichzeitig herzoglicher Zolleinnehmer. Die Klosterkirche fiel 1799 einem Brand zum Opfer, als Soldaten darin einen Ochsen brieten.

1906

Das Gasthaus Alexanderschanze war in der Nähe der alten Schanze errichtet worden. Herzog Karl Alexander hatte diese 1734 im polnischen Erbfolgekrieg an der Stelle einer bereits im Dreißigjährigen Krieg errichteten Schanze anlegen lassen.

1901

1907

Das Gasthaus Lamm lag direkt an der badisch-württembergischen Grenze. In schneereichen Wintern mußte sich der Lammwirt einen Stollen durch die Schneemassen graben.

1901

1907

Auf dem badischen Kniebis lud das Gasthaus zum Schwarzwald Holzfuhrleute, Wanderer und Kurgäste zum Verweilen ein.

1906

Von dort ging es hinunter nach Rippoldsau, dessen Heilquellen schon im 12. Jahrhundert von Mönchen entdeckt worden waren. Bad Rippoldsau war um die Jahrhundertwende ein fürstliches Bad, in dem auch der badische Großherzog zur Kur weilte. Auch Victor von Scheffel, Heinrich Hansjakob und Rilke genossen hier die besondere Kuratmosphäre.

1905

DORNSTETTEN

Der Bahnhof in Dornstetten.

1909

Dornstetten, wohl um 1250 von den Zähringer-Erben zur Stadt erhoben, hatte seine Wurzeln in einer alemannischen Marktgenossenschaft, die im Waldgeding bis 1834 besondere Rechte (Holznutzung, freie Jagd) besaß. 1807 legte König Friedrich die drei Ämter Dornstetten, Freudenstadt und Reichenbach zusammen; Oberamtsstadt war nun Freudenstadt. Dornstetten hat sich seinen städtischen Charakter mit schönen Fachwerkbauten am Marktplatz erhalten. Einmalig ist die Stadtsilhouette mit dem mächtigen Turm der Martinskirche.

1907

Der Marktplatz mit Rathaus und Fachwerkhäusern und dem Marktbrunnen.

1907

Die Hauptstraße von Dornstetten. Sie führte zum oberen Tor. Stattliche Bürgerhäuser lassen den städtischen Charakter deutlich erkennen. Zu den zahlreichen Wirtschaften der Innenstadt gesellten sich weitere Gaststätten wie hier das Waldhorn. Die Stadt wuchs 1909 schon weit über die historische Altstadt hinaus.

1907

KLOSTERREICHENBACH

Das Klosteramt Reichenbach teilte 1807 das Schicksal Dornstettens; es wurde in das Oberamt Freudenstadt eingegliedert. Schon 1595 war Reichenbach an Württemberg gefallen und mußte ab 1603 die Reformation durch Herzog Friedrich von Württemberg über sich ergehen lassen. An das 1085 gegründete Kloster erinnert noch die zweitürmige romanische Klosterkirche.

1902

*Der idyllische Klosterort, eingebettet in die Berge des Murgtals.
Der Gasthof Sonne-Post war das alte Klostergasthaus, das 1906 gewaltig vergrößerte wurde.*

1906

BAIERSBRONN

Baiersbronn ist wohl schon im 11. Jahrhundert entstanden und gehörte ursprünglich zum Waldgeding. Mit dessen Hauptort Dornstetten kam Baiersbronn 1320 zu Württemberg. Seine liebliche Lage - man spricht auch vom schwäbischen Garmisch-Partenkirchen - prädestinierte die Gemeinde, sich zu einem Kurort zu entwickeln. Hier sieht man noch die Trennung von Oberdorf und Unterdorf.

1906

Baiersbronn, flächenmäßig die größte Gemeinde Württembergs, zog sich vom Friedrichstal über den Hauptort Baiersbronn und die Teilorte Mitteltal, Obertal und Tonbach bis hinüber in die Schönmünz. Hier im Rathaus wurde die Großgemeinde verwaltet. Im Hintergrund die nach einem Brand wieder aufgebaute Marienkirche.

1903

An der Hauptstraße

1903

Idyllische Straße im Oberdorf

1903

Kirche und Pfarrhaus

1903

MITTELTAL

Von Ruhestein her bahnt sich die Murg bei Mitteltal ihren Weg. Im Hintergrund die Kirche.

1906

OBERTAL

Obertal im Jahr 1901. Die Straße erklimmt hier den Ruhestein.

Am Jägerhaus in Obertal

1900

Die "Sonne" in Obertal

1901

RUHESTEIN

Der Ruhestein, ein Höhenkurhaus, wurde besonders bekannt durch den "Ruhesteinvater" Julius Euting, der um die Jahrhundertwende sich um die Erschließung der Wanderwege im Ruhesteingebiet bemühte. Er war ein Original, von dem zahlreiche Anekdoten erzählt werden.

1901.

Skispringen am Ruhestein
Seit 1900 gab es hier die ersten Skifahrer, 1906 wurde in Baiersbronn ein Schneeschuhverein gegründet.

1907

LOSSBURG

Loßburg, ein stattliches, auf der Hochfläche zwischen dem Kinzig- und Glatt-Tal bekanntes Dorf, wurde von den Herren von Geroldseck 1501 an das Kloster Alpirsbach verkauft, und kam so mit dem Kloster an Württemberg. Heute ist Loßburg ein weithin bekannter Kurort.

Die Loßburger Trachtengruppe mit ihrer Trachtenkapelle machte Loßburg weit über die Grenzen des königlichen Oberamts hinaus bekannt.

Der Dorfplatz mit dem steinernen Kornspeicher, in dem heute ein reichhaltiges Museum untergebracht ist.

1911

PFALZGRAFENWEILER

Pfalzgrafenweiler wurde nach den Pfalzgrafen von Tübingen benannt, die hier große Waldungen besaßen. Das ansehnlichste Pfarrdorf des Oberamtes lag an der Landstraße Stuttgart - Freudenstadt - Kniebis und besaß zahlreiche stattliche Gasthöfe. Nach einem Brand im Jahre 1798 wurden die Straßen verbreitert und auch der große Marktplatz des Ortes wurde damals neu angelegt.

Der Marktplatz im Jahr 1929

DIE STADT HORB

Horb am Neckar, die ehemals württembergische Oberamtsstadt, gehörte in früheren Jahrhunderten zu den vorderösterreichischen Erblanden, war also altes habsburger Territorium inmitten anderer Herrschaften. Mit dem Sitz einer Obervogtei bildete es den Mittelpunkt einer kleinen Landschaft, zu der die Ortschaften Altheim, Salzstetten, Grünmettstetten, Bildechingen und Eutingen zählten. "Ain guets Stättl", nannte es ein Zeitgenosse des 16. Jahrhunderts und der bekannte Geschichtsschreiber Crusius zählte Horb zu den vornehmen Städten am Flußlauf des Neckars.

Während von einer frühgeschichtlichen Besiedelung nichts bekannt ist, berichtet eine reichhaltige schriftliche Überlieferung über die Geschichte dieser Stadt seit ihrer Gründung durch die Pfalzgrafen von Tübingen um die Mitte des 13. Jahrhunderts. Man vermutet wohl zu Recht, daß bereits Pfalzgraf Rudolf II. von Tübingen (1224–1247) Horb zum Markt-, Gerichts- und Stadtrecht verholfen hat, auch wenn die erste urkundliche Nennung als Stadt (civitas) erst 1261 erfolgte. Auch eigenes Maß und Gewicht gab es unter den Tübingern und Pfalzgraf Hugo IV., genannt "der Horber", begründete hier eine eigene Linie.

Doch schon vor den Tübingern erscheint der Ort Horb als Sitz eines edelfreien Geschlechts, dessen Burg auf dem Platz des heutigen Krankenhauses vermutet wird. Im Hirsauer Kodex erscheint im Jahr 1090 als erster Vertreter des Ortsadels ein "Sigefridus de Horwa". Wie beiläufig erfährt man dabei die ursprüngliche Ortsbezeichnung Horwa, die sich allerdings im Mittelalter zu Horowa, Horuw oder Horv verändern konnte.

Nach den Tübingern fiel die Stadt durch Heirat an die Grafen von Hohenberg, deren letzter Vertreter, Graf Rudolf III., die gesamte Herrschaft zu Lebzeiten für 66 000 Gulden an das Haus Österreich verkaufte. Durch diese Entscheidung wurde ab dem Jahr 1381 das weitere Schicksal der Stadt, läßt man einige Verpfändungen außer acht, über vierhundert Jahre von Habsburg bestimmt. Erst nach dem Reichsdeputationshauptschluß zu Beginn des 19. Jahrhunderts wurde die vorderösterreichische Stadt Horb dem neu entstandenen Königreich Württemberg zugeschlagen (1806).

Unter dem Haus Habsburg schien es den Horbern nicht schlecht gegangen zu sein. Bereits 1415 verlieh der Tiroler Herzog Friedrich IV. der Stadt zahlreiche Privilegien, auch dies, ein Kaufhaus bauen zu dürfen. Das deutet auf eine frühe wirtschaftliche Bedeutung des Gemeinwesens hin. Der Kaufmannsstand brachte das hier produzierte Tuch im Fernhandel auf die ausländischen Märkte, ja bis in die Messestadt Bozen. Dadurch wurden die Tuche, das "graue Horber" und das "Zeug" in ganz Schwaben, der Schweiz und im Elsaß bekannt. Bis in die Neuzeit galt die Neckarstadt als bedeutender Manufakturplatz für Textilien.

Zahlreiche Weingärtner bewirtschafteten ihre Rebgärten an den Südhängen des Neckartals. Imposant erscheinen heute die ehemals vierzehn ortsansässigen Brauereien. Neben den üblichen Handwerkern gab es im Städtchen auch Goldschmiede, Büchsenmacher, Zinngießer und eine Glockengießerwerkstatt. Die Neckarflößerei, eine weitere Einnahmequelle, kam kurz vor 1900 zum Erliegen. Um die Mitte des vorigen Jahrhunderts gründete Nepomuk Meintel eine Bildhauerschule, die drei Generationen Bestand hatte und eine ganze Reihe von Kunsthandwerkern hervorbrachte. Vorwiegend neugotische Altäre wurden hergestellt und in die Kirchen weit über die Grenzen Württembergs hinaus geliefert. Neben den profanen Aufträgen kann man Meintel allein über achtzig gefertigte Altäre nachweisen, von denen allerdings viele in neuester Zeit einer anderen Kunstauffassung zum Opfer fielen.

Weniger auffallend war die politische Geschichte. Außer dem "Horber Vertrag" (1498), in dem Kaiser Maximilian auf der oberen Burg Herzog Ulrich in Anwesenheit der Landstände mit dem Herzogtum Württemberg belehnte, geschah nichts von überregionaler Bedeutung. Allerdings wird durch den Ort der Handlung bewußt, daß die Hohenberger Enklave wegen der Expansionspläne Habsburgs wie Württembergs nicht unwichtig war. Schon 1454 holten die Österreicher das neu erworbene Land mit Waffengewalt aus der reichsstädtischen Pfandschaft zurück, während der Horb reichsstadtähnliche Strukturen angenommen hatte. Im Dreißigjährigen Krieg gelang es Württemberg, die Stadt Horb für zwei Jahre in seinem Besitz zu halten.

Erwähnenswert ist das kirchliche Leben in der Stadt. Vor der Gründung eines Chorherrenstifts durch Graf Rudolf III. von Hohenberg im Jahre 1387 besaß die Stadt bereits ein Dominikanerinnenkloster. Es wird zu den ältesten in Deutschland gezählt. Später folgten Franziskanerinnen und Tiroler Franziskanerpatres, die an der Stelle des Krankenhauses (und der alten Burg) ihr Kloster erbauten. Die Schwarzwaldklöster Alpirsbach, Reichenbach und Wittichen, sowie die Dominikanerinnen von Kirchberg unterhielten in der Stadt Klosterhöfe. Zu nennen ist auch die Stiftung des Spitals durch den Bürger Dietrich Gutermann (1352), die durch die großherzigen Schenkungen der Gräfin Ita von Toggenburg zu einer wichtigen sozialen Einrichtung wurde und bis heute besteht.

Begünstigt durch das religiöse Leben, die wirtschaftliche Offenheit und nicht zuletzt durch die schon im Jahr 1282 erbaute Lateinschule, brachte die Stadt eine ansehnliche Zahl bedeutender Persönlichkeiten hervor. Genannt werden sollte Sebastian Lotzer. Er war der Verfasser der bekannten zwölf Artikel des Bauernkrieges. Oder der Fürstabt von St. Blasien, Martin Gerbert (geb. 1720), der sich als Gelehrter, Historiker, Kirchenmusiker und weitblickender Sozialreformer hervortat. In jüngster Zeit vermuten Historiker, daß der Bildschnitzer Veit Stoß in Horb am Neckar geboren wurde.

So günstig sich die katholische, vorderösterreichische Enklave Horb für Bürger und Untertanen auswirkte, so hart und grausam konnte sich das Leben innerhalb der Mauern zutragen. Bereits im 14. Jahrhundert war in der Stadt eine Judenverfolgung, denn man beschuldigte die Juden nach einer Pestepidemie der Brunnenvergiftung. Die Wiedertäuferbewegung, der sich während der Reformation zahlreiche Bürger angeschlossen hatten, wurde ausgehoben und deren Anführer hingerichtet. Nach einem "erschröcklichen Wasserguß", in dessen Fluten fast der gesamte Viehbestand des Spitals ertrank (die Stadtmauern hatten das Wasser gestaut), wurden auf dem Scheiterhaufen alte Frauen verbrannt. Man hatte sie als Hexen für das Unwetter verantwortlich gemacht. Wegen der Pest prägten die Zeitgenossen den Begriff vom "Horber Tod". Noch heute steht im Tal an der Stelle, an der der "Schwarze Tod" halt machte, das sogenannte Pestkreuz. In den Jahren 1556 und 1725 berichten die Chroniken von Stadtbränden. Mehr als zweihundert Giebel, steht im Verzeichnis der Brandgeschädigten, sind beim zweiten Brand "in Rauch uffgangen". Damals ist ein Großteil der mittelalterlichen Bauten einschließlich der gotischen Stiftskirche mit Propstei und Kanonikatshäusern und damit das ursprüngliche Stadtbild vernichtet worden. Was wir heute sehen ist, von einigen markanten Gebäuden abgesehen, die wiedererbaute Stadt nach dem Brandjahr 1725.

Obwohl solche Katastrophen einem Gemeinwesen immer schwer zusetzten, Abwanderungen zur

Folge hatten und die Bürgerschaft dezimierten, ist die Einwohnerzahl von Horb einigermaßen stabil geblieben. Man nimmt an, daß die mittelalterliche Stadt stärker besiedelt war und mehr Einwohner hatte als im 18. und im 19. Jahrhundert. Im Jahr 1394 zählten die Amtleute 530 Steuerzahler. Kurz vor dem Dreißigjährigen Krieg wurden 374 wehrfähige Bürger gemustert und 1803, gegen Ende der österreichischen Zeit waren 330 Familien in Horb ansässig. Seit der Zugehörigkeit zum Königreich Württemberg wurde die Einwohnerschaft pro Kopf ermittelt: Im Jahr 1810, also kurz nach der Übergabe, zählte man 1660 Bewohner. Abgesehen von dem Bevölkerungseinbruch, der durch die Auswanderungen um die Mitte des vorigen Jahrhunderts verursacht wurde, nahm die Zahl der Bürger nun stetig zu, so daß 1933 hier 2886 Einwohner ansässig waren. Heute beträgt die Bürgerschaft einschließlich des Hohenbergs etwa 5500. Anzumerken ist noch, daß die vormalige Stadt Horb am Neckar durch die 1975 abgeschlossene Gebiets- und Verwaltungsreform mit achtzehn umliegenden Teilorten eine neue Flächenstadt mit rund 21 500 Einwohnern bildet.

Wenn wir noch einmal geschichtliche Rückschau halten, spricht vieles dafür, daß Horb im späten Mittelalter bis etwa zum Dreißigjährigen Krieg seine Blütezeit erlebte. Zu Beginn des 16. Jahrhunderts war, das läßt sich leicht aus den Resten der Wehrbauten und Mauern ablesen, die städtebauliche Entwicklung so gut wie abgeschlossen. Als letzte Maßnahme ist die Besiedelung des Grabbachtals anzusehen, die in der unteren Hanglage eine zwar denkwürdige, jedoch reich mit Türmen und bereits voll auf die neuen Feuerwaffen eingestellte Ringmauer erhalten hat. In jener Zeit hatte Horb 33 Wehrtürme, elf Stadt- und drei Wassertore, ein Wasserschloß, die untere und die obere Burg mit der großen Schildmauer zur Schütte und etwa vier Kilometer Stadtmauern. Diese stattliche Bilanz dürfte fremde Besucher beeindruckt haben, zumal besonders die Wehrbauten, begünstigt durch ihre Berglage, überhöht in Erscheinung treten mußten. Heute noch wird, ohne die zahlreichen Tore und Türme, die Stadtsilhouette aufgrund ihrer Topographie, von vielen als eine der schönsten in Deutschland bezeichnet. Diese spätmittelalterliche Ausdehnung besaß Horb bis in die neueste Zeit.

Obwohl 1866 mit der Strecke Horb–Tübingen der Anschluß an die Eisenbahn erfolgte und sich wenige Jahre später ein günstiger Schnittpunkt von vier Eisenbahnlinien gebildet hatte, wuchs die Stadt nur langsam.

Erst in den letzten Jahrzehnten siedelten sich, neben einigen bestehenden, weitere Industriebetriebe an. Mit dem neu ausgewiesenen Industriegebiet auf dem Heiligenfeld und der regen Wohnbebauung auf dem Hohenberg gelang der Stadt der Sprung aus dem engen Neckartal auf die nördlichen Anhöhen. Der Anfang dazu wurde durch den Bau der Kaserne während des Dritten Reiches gemacht.

So wuchs das ehemalige Beamten- und Ackerbürgerstädtchen zu seiner heutigen Größe und Gestalt. Seine moderne Infrastruktur mag manchen nostalgischen Besucher (und Bürger) trösten, der bedauert, daß ein abrißwütiger Amtmann wegen der "Verkehrsenge" im 19. Jahrhundert die idyllischen Stadttore und Mauern hat schleifen lassen.

Grundlegend geändert hat sich das Bild an dieser Stelle in der Neckarstraße. Weder der Brunnen, noch die meisten Gebäude (außer dem ehemaligen Fruchtkasten) sind heute noch dort anzutreffen.

1933

Der untere Markt oder wie der Volksmund ihn früher nannte, "der Platz" mit der beginnenden Altheimer Straße, ist heute eine äußerst belebte Stelle in der Stadt. Der Renaissancebrunnen wurde im Zweiten Weltkrieg durch eine Bombe zerstört, jedoch mit Bürgerspenden kurz darauf wieder neu errichtet. Auf der Säule des Brunnens steht ein geharnischter Ritter, dessen quergeteilter Schild an die österreichische Zeit erinnert.

1910

Die Wasserleitung in der Bildechinger Steige wurde um die Jahrhundertwende gebaut. Ein besonderer Anlaß für Handwerker und Nachbarn, sich für den Fotografen aufzustellen. Nicht ohne Stolz präsentiert sich der bauleitende einheimische Kupferschmied hinter seinem Wasserdruckkessel.

Der Blick auf die Bildechinger Steige nach Verlegung der Wasserleitung. Etwa in der Bildmitte ist die Liebfrauenkirche zu sehen, links daneben die Evangelische Johanneskirche, die erst wenige Jahre zuvor in neugotischem Stil dort erbaut wurde.

1903

Die seltene Aufnahme zeigt die vom Kuglerhang herabführende Ringmauer, die an der rechten Ecke des traufseits stehenden Gebäudes direkt an das ehemalige Bildechinger Tor stieß. Das obere Quergemäuer stellte eine Verbindung von einem der Ringmauertürme zu dem bereits beim Stadtbrand 1725 zerstörten Pulverturm dar.

1903

Die alte Neckarbrücke, eine Stahlkonstruktion, führte oberhalb der heutigen Betonbrücke zum Bahnhof und nach Nordstetten.

1909

Mehr als zwei Dutzend Bierkeller gab es 1909 noch an der alten Nordstetter Steige. Die am Hang mit Ziegeldächern abgedeckten Gewölbe hielten den Gerstensaft auch in heißen Sommern kühl. Dafür sorgte die "schattige" Hornau und das im Winter auf Eisböcken selbst hergestellte Eis, das in die Keller gefüllt wurde.

1909

Im ehemaligen Kloster-Waschhäusle, auf den Resten der Stadtmauer an der Schneckenhalde, verraten die beiden rauchenden Kamine, daß gerade gemalzt und Bier gebraut wird.

1910

Bevor die Besiedelung zwischen Bahnhof und Neckar stattfand, standen auf der Au neben den beiden Brauereien, der Post und dem Fernmeldeamt, lediglich noch zwei weitere Gebäude mit gastronomischem Betrieb: das 1906 eröffnete Hotel Lindenhof und das Bahnhofhotel, das von einem zurückgekehrten Amerikaauswanderer, vermutlich kurz nach dem Bau der Eisenbahn, errichtet wurde.

Von den siebzehn ortsansässigen Brauereien befanden sich zwei an der Hornau in unmittelbarer Nähe des Bahnhofes: die sogenannte Ziegelburg und die vom Schwarzadlerwirt gegründete, spätere Genossenschaftsbrauerei hinter der Eisenbahnbrücke.

1903

Durch Sanierungen geändert hat sich das Bild an dieser Stelle in der Neckarstraße. Leider ist der alte Brunnen an dieser Stelle heute nicht mehr anzutreffen.

1933

Der Marktplatz, die "gute Stube" der Stadt. Die Doppelfassade des rechts stehenden Rathauses ist noch ohne den Schmuck der von W. Klink ausgeführten Lüftlmalerei.

Eines der ältesten Stadttore, das Ihlinger Tor, eingebunden in das Kapellentürmchen des Stubenschen Schlößchens und die Fachwerkscheuer der Chorherren mit dem davorstehenden Giebel des Gasthauses Schwanen.

1909

Unbewaldet waren im Jahr 1900 alle Hänge um die Stadt. Deshalb ist der Blick frei auf die Kreuzwegstationen, die den Berg zu Schütteturm und -kapelle hochführten.

1900

Das Reibegäßle mit dem Marmorwerk. Die Gasse erhielt ihren Namen von der ehemals dort stehenden Walk- und Reibemühle. Im Hintergrund ist die evangelische Johanneskirche zu sehen.

1909

Blick auf die Horber Stadtsilhouette von Süden mit dem alten Streichwehr und den Gleisanlagen des Rangierbahnhofs im Vordergrund.

Neben dem Neckartal bot das Tal des Grabenbachs Platz für die spätmittelalterliche Besiedelung. Hier im Bild sieht man den Ortsausgang in Richtung Freudenstadt, auf dessen Platz das ehemalige Altheimer Tor gestanden hatte.

Am Rande der Stadt, zwischen Neckar und Kanal, befand sich die Raiblesche Säge. Sie bildete eine von der Wasserkraft bestimmte Einheit mit der unteren Neckarmühle und dem oberhalb angrenzenden Flößerwasen.

1900

Blick von der Ringmauer auf die Oberstadt mit Stiftskirche und Schurkenturm.

1910

Das Neckartal wurde vor der Korrektion in den 50er Jahren alljährlich von Überschwemmungen heimgesucht. Oft waren das Mühlgäßle oder die Neckarstraße, regelmäßig jedoch die Neckarwiesen vor der Stadt nach der Schneeschmelze unter Wasser.

1936

Die Kaserne kurz nach dem Einzug der Soldaten der Wehrmacht.
1936

Klein-Venedig nannten die Postkartenhersteller diese idyllische Ecke am Kanal.

1903

Horb und sein Umland

Das Gebiet, das in diesem Kapitel vorgestellt wird, ist der Verwaltungsbereich Horb ohne die Horber Kernstadt. Gemeint sind damit 18 Gemeinden, die etwa bis 1973 nach Horb eingegliedert worden sind, sowie die selbständigen Gemeinden Eutingen mit den Ortsteilen Göttelfingen, Rohrdorf und Weitingen und die ebenfalls selbständige Gemeinde Empfingen mit Wiesenstetten und Dommelsberg. Leider sind nur einige dieser damals noch eigenständigen Gemeinden in Bildern dargestellt, weil in jener Zeit nicht überall gute Photographien entstanden. Im Gegensatz zu der Zeit unmittelbar nach dem Zweiten Weltkrieg, als dieser Verwaltungsraum nur wenige industrielle Arbeitsplätze aufweisen konnte und daher schwach strukturiert war, zählte er um das Jahr 1900 durchaus nicht zu den ärmeren Gebieten im Land. Die Bilder zeigen relativ gepflegte Orte mit soliden Häusern und landwirtschaftlichen Gebäuden.

Zu den Besonderheiten dieses Horber "Umlands" gehört, daß Mühlen als einzige Gemeinde die Gegenreformation nicht mitgemacht hat. Auffällig ist ebenfalls, daß sich relativ viele jüdische Glaubensgemeinden gebildet haben. Zu diesen Gemeinden gehörten Rexingen, Horb, Mühlen, Nordstetten und Mühringen, wobei Mühringen Sitz eines für das ganze Land zeitweilig bedeutenden Rabbinats war, und von Rexingen aus in Palästina schon zehn Jahre vor der Gründung des Staates Israel eine Siedlung, Shavei Zion, ins Leben gerufen wurde. Im übrigen hat bis ins 20. Jahrhundert die Landwirtschaft das Leben dieser Gemeinden geprägt. Wo sie nicht gedeihen konnte, entwickelten sich Handel und Gewerbe in der Regel besonders früh.

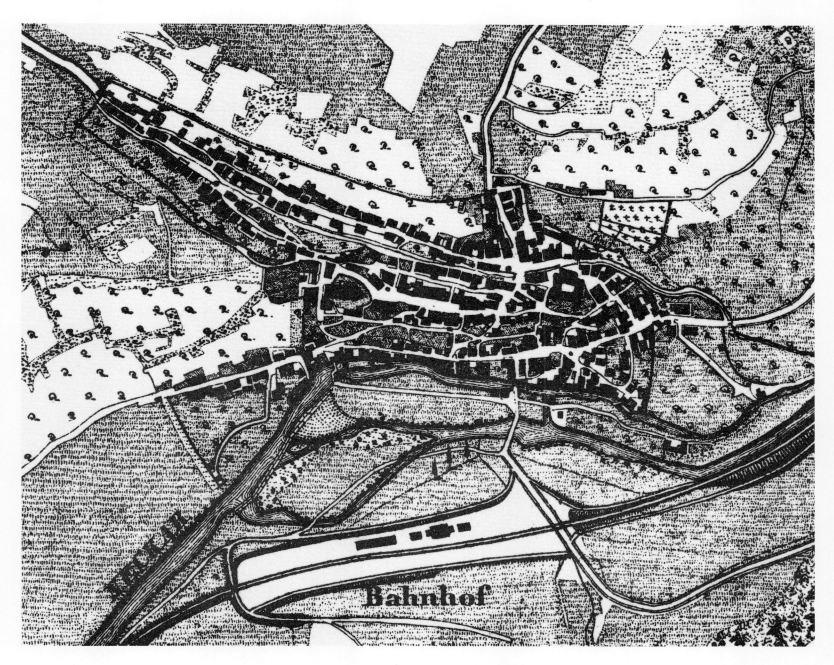

Das Oberamt Horb, wie es 1860 nach einer Karte des königlichen statistischen Amtes ausgesehen hat. Als 1938 der (Alt-) Kreis Horb gebildet wurde, kamen die Gemeinden Obertalheim, Schietingen und Untertalheim dazu, ebenso Eckenweiler und Ergenzingen sowie 16 Gemeinden des Sulzer Raumes, während Lützenhardt dem (Alt-) Kreis Freudenstadt zugeordnet wurde.

Die Hänge beidseits des Neckars sind im Horber Raum bis weit ins 19. Jahrhundert hinein von der Landwirtschaft genutzt worden. Wo es ging, für den Feldbau, ansonsten als Weide. An Südlagen ist auch Wein angepflanzt worden, wie Mauerreste erkennen lassen. In Nordstetten, wo die Hochfläche zunächst verhältnismäßig flach zum Neckar abfällt, so daß dort schon früh eine auch heute noch bedeutende Straße von Horb her in Richtung Haigerloch angelegt werden konnte, ist der Hang zum Neckartal hin noch lange von den Landwirten genutzt worden. Auf anderen Gemarkungen wurde dagegen um die Jahrhundertwende bereits mit den Aufforstungen begonnen.

Blick übers Neckartal auf Nordstetten. Rechts ist die alte Nordstetter Steige zu sehen. Die heutige Steige verläuft etwa am Waldrand im Vordergrund und am bereits bewaldeten Taleinschnitt in der linken Bildhälfte entlang auf den Ort zu. Am Horizont ist deutlich das stattliche, von den Keller von Schlaitheim in den Jahren 1739 bis 1740 im Rokokostil gebaute Schloß sichtbar, heute Rathaus. Links davon die dem Heiligen Mauritius geweihte Pfarrkirche von 1747/48, die 1882 erweitert und nach Kriegszerstörungen 1947 wiederaufgebaut worden ist.

1909

Das Geburtshaus von Berthold Auerbach. In diesem Gebäude aus dem Jahr 1798 kam "Moses Baruch Auerbacher" als neuntes Kind des jüdischen Händlers Jakob Auerbacher am 28. Februar 1812 zur Welt. Seine "Schwarzwälder Dorfgeschichten", in denen er auch das Alltagsleben in Nordstetten geschildert hat, und viele andere seiner Werke machten ihn zu einem der meistgelesenen Schriftsteller seiner Zeit. Auerbach, der sich vor allem als Schwabe und Deutscher gefühlt hat, litt schwer unter dem später aufkommenden Antisemitismus. Er ist am 15. Februar 1882 auf dem jüdischen Friedhof in Nordstetten beerdigt worden.

1906

Gedenktafel für Berthold Auerbach. Über dem Eingang des Gebäudes, das nach Auerbachs Tod der Pferdehändler Martin Rothschild (M. R.) gekauft und renoviert hat, ist später eine Gedenktafel angebracht worden. Wie es heißt, ist sie im Dritten Reich bei einer der Metallsammlungen verschwunden. Das Haus, heute Fabrikweg 2, ist bereits 1926 in nicht-jüdischen Besitz übergegangen. Es wurde inzwischen gründlich renoviert und modernisiert. Die Erinnerung an Berthold Auerbach hält seit 1986 ein Museum im Nordstetter Schloß wach, das auf Initiative der Deutschen Schillergesellschaft Marbach und des Kultur- und Museumsvereins Horb eingerichtet wurde.

Die Kirche St. Mauritius in Nordstetten, erbaut 1747/48 und 1882 erweitert an der Stelle einer Vorgängerin aus der Zeit um 1515. Sie ist am 19. April 1945 nach Artilleriebeschuß total ausgebrannt und in den folgenden zwei Jahren wiedererrichtet worden, jedoch ohne die zwei hohen Querhäuser. An der Stelle, an der das 1922 eingeweihte Kriegerdenkmal steht, befand sich zuvor das Stammhaus der Göttler. Es ist im Jahr 1903 abgebrochen worden. Das mittlere Gebäude, 1787 erbaut und 1929 umgebaut, war zwei Generationen im Besitz der Bäckerfamilie Pfeiffer. Es wurde von Josef Pfeiffer und der Firma Hertkorn weitergeführt, aber 1980 für den Bau der Ortsdurchfahrt abgebrochen. In den Gebäuden rechts befanden sich die Gaststätten "Sonne" und "Rößle".

1912

Anton Schneiderhan's Gasthaus zum Ritter in Nordstetten. Das Gebäude rechts, anstelle eines Hauses aus dem Jahr 1730 zweieinhalbstöckig im Jahr 1885 mit Wirtschaftsgebäude neu erbaut, hieß 1842 "Ritterwirt" und wird seit 1968 "Bunter Ritter" genannt. Auch eine bekannte Bierbrauerei gehörte dazu. Unter den Bäumen links vom Haus befand sich im Sommer eine Gartenwirtschaft, seitlich im Haus ein Café. Den Wohlstand sah man dem Haus an. Heute gehört der "Bunte Ritter" einem Gastwirt aus Horb. Das Gebäude links, 1823 gebaut und 1884 neu aufgebaut, war zeitweise im Besitz von Anton Schneiderhan und wurde bei Kriegsende am 19. April 1945 zerstört. Heute steht dort ein Neubau.

1907

Bis zum Ersten Weltkrieg war es im Horber Raum durchaus üblich, daß Gaststätten ihr eigenes Bier brauten; in Nordstetten beispielsweise sechs von sieben Wirtschaften. Der "Ritter" lieferte sein Bier mit Pferdegespannen zu einem beträchtlichen Teil auch nach auswärts. Während der beiden Weltkriege, als Wirt und Brauer eingezogen waren, mußten die meisten schließen, da sie für Heereslieferung zu klein waren und weder Hopfen noch Malz zugeteilt bekamen.
Nach jedem der Kriege öffneten einige Brauereien nicht mehr. Hinzu kam die Umstellung von Natureis auf maschinelle Kühlung, die einige Investitionen erforderte. Später haben dann die großen Brauereien die kleinen, die übrig geblieben waren, geschluckt.

Die Bierbrauerei von Ludwig Maier in Nordstetten. Das Haus, das 1846 vom Adlerwirt Johann Wallkam gebaut wurde und das 1887 der Bierbrauer Ludwig Maier übernommen hat, ist 1892 dreistöckig ausgebaut worden. Bis heute ist es im Besitz der Brauerfamilie Maier. 1973 hat auch diese Gaststätte als letzte von mindestens sechs die Bierbrauerei eingestellt. Als Gasthaus besteht sie weiter, neben "Krone", "Bunter Ritter" und "Schäpfle". Interessant auf dem Bild ist auch die Straßenbeschaffenheit.

1907

Die Ahldorfer Kolonialwarenhandlung von Carl Hertkorn war eines von zeitenweise vier kleinen Ladengeschäften am Ort. Die Männer schätzten besonders die erstklassigen Zigarren, die es bei Carl Hertkorn gab. Bei den Kindern war der freigebige Besitzer nicht weniger beliebt, wie das Bild erahnen läßt. Das Haus ist vor 1800 gebaut worden. 1949 ging es an die Darlehenskasse über. Sie baute in den Teil mit dem großen Tor Mosterei und Fruchtreinigung ein und in die ehemaligen Stallungen ihre Filialräume. Die Wohnungen oben sind geblieben.

1906

Die "Linde" in Ahldorf hat um die Jahrhundertwende der Landwirt und Brauer Karl Fischer geführt. Das Gebäude ist vor 1800 entstanden und diente von 1856 bis 1910 dem Gastwirt auch als Brauerei. Die Brauereikeller befanden sich unten an der Steige nach Mühlen. Eine zweite Brauerei-Gaststätte war der "Anker". Links sind Bauernhäuser angebaut. Die "Miste" mußte bereits kleinen Hausgärten weichen, weil die Landwirte schon kein Vieh mehr im Stall hatten. Auch hier in der Felldorfer Straße bestimmen Holzbeigen das Bild, wenn für das Brennmaterial keine Scheuer vorhanden war.

1906

Die Ahldorfer Zehntscheuer im Aschenteich, rechts noch zu sehen, gehörte der Familie von Ow, bis sie 1927 Wohnhaus wurde. Die Äste stammen von der mehrere hundert Jahre alten Gerichtslinde, die 1948 gefällt worden ist. Auf dem Platz davor war es bis zum Ersten Weltkrieg üblich, daß junge Männer, die zur Musterung kamen, Theater spielten. Links davon zwei Wohnhäuser, ehemals ein großer Hof, der später in zwei Wohnungen aufgeteilt wurde. Deshalb wurden auch die Scheuern im Hintergrund zweigeteilt. Die neueren Dachaufbauten sind Erweiterungen, die der wachsenden Familie Rechnung getragen haben. Das Haus ganz links war bis 1844 Schulhaus. Die großen Holzhaufen deckten den Heizungsbedarf.

1906

Die Neuneckstraße in Dettensee. Die Familie von Neuneck zählte wie die Zollern, die Schlaitheimer, das Kloster Muri und die Herrschaft Glatt zu den Herren des Ortes. Dettensee wechselte 1854 zum Oberamt Glatt, 1925 zum Oberamt Haigerloch und bis zur Eingemeindung nach Horb zum Kreis Hechingen über. Vom Straßenbau abgesehen, hat sich an diesem Bild wenig geändert. Allerdings fehlt das damalige Rat- und Schulhaus, hier am rechten Bildrand zu erkennen. Es war bei Kriegsende 1945 erstmals abgebrannt, danach noch einmal im Jahre 1971. Inzwischen ist es, zurückgesetzt von der Straße, als Sitz der Ortschaftsverwaltung und mit Gemeindesaal wieder aufgebaut worden.

1909

Die Gesamtansicht von Mühringen wird seit Jahrhunderten von der Burganlage Hohenmühringen beherrscht. Im Jahr 1857 haben die Gebäude ihre heutige Gestalt erhalten, einschließlich des neuen Baues, rechts der Burg. Markante Gebäude sind auch der Rokokobau der katholischen Pfarrkirche St. Gallus aus den Jahren 1751/52, und die Synagoge, am großen Walmdach und den hohen Bogenfenstern rechts der Kirche erkennbar. Mühringen hatte seit dem 16. Jahrhundert eine große jüdische Gemeinde. Die Synagoge ist 1810 an der Stelle einer älteren fertiggestellt worden. 1938 ist sie stark beschädigt und 1960 abgerissen worden. Eine Gedenktafel erinnert heute noch an sie. Unterhalb der Burg, im Vordergrund, sind die Eckerker des "Adler" aus dem 18. Jahrhundert zu sehen.

1906

In Mühringen war die Landwirtschaft nie sehr bedeutend, teils wegen des großen Grundbesitzes der Schloßherren, teils weil die meisten Nutzflächen auf der Hochebene schwer zugänglich waren und das Tal häufig von der Eyach überflutet wurde. So entwickelten sich früh gewerbliche Betriebe, die von den kräftigen Quellen der Hänge profitierten, etwa Mühlen, Gerbereien und die Korbflechterei. Nach dem Zweiten Weltkrieg entwickelte sich ein bedeutender Mineralbrunnenbetrieb. Die jüdischen Bürger des Ortes sorgten für regen Handel. Das Bild zeigt noch die Holzbrücke über die Eyach als Zufahrt zur Straße nach Haigerloch. Die Hänge unterhalb des Schlosses und rechts jenseits der Eyach sind teilweise bebaut oder stärker bewachsen.

1906

Ein Blick von der Ortseinfahrt Mühlen in Richtung Horb. Die Bäume im Vordergrund sind stärker und dichter beastet, die Straße ist asphaltiert und hat ein Geländer bekommen. Ansonsten hat sich an dieser Ansicht wenig geändert. Die Brücke, die nach links in Richtung Ahldorf und zurneuen Siedlung hinter dem Bahnhof führt, hat noch dieselbe Konstruktion, soll nun aber neckaraufwärts verlegt werden. Das Bild des Neckars und des Bahnhofs ist fast unverändert. Jedoch dampfen Züge im Bahnhof nur noch bei Sonderfahrten.

1909

Blick auf Mühlen aus dem Bereich der Brücke am Ortseingang aus Richtung Horb. Auch hier hat sich wenig verändert. Links fließt der Neckar auf den Kanal zur Neckarmühle zu und, je nach Wasserstand, über das Streichwehr nach rechts weiter. Dahinter sieht man das große Gebäude der Neckarmühle, die evangelische Kirche und rechts davon das Pfarrhaus und den Schornstein der früheren Firma Duttenhofer/Landenberger.

Mühlen am Neckar. Auf der gegenüberliegenden Seite des Tales führt die Straße ganz links nach Bildechingen; rechts öffnet sich das Eutinger Tal. Die Freiflächen an den Hängen, zwischen den Häusern und dem Wald, sind inzwischen fast durchweg bebaut oder aufgeforstet. Die Landwirtschaft war nie bedeutend, weil die Güter überwiegend auf der schwer zugänglichen Hochfläche lagen, und weil ein großer Teil der Markung dem Freiherrn von Münch gehörte. Frühzeitig entwickelte sich dagegen das Gewerbe. Dazu gehörten auch mehrere Mühlen. Eine wurde vom Eutinger Talbach getrieben. Auch eine Pappendeckelfabrik und in diesem Jahrhundert die Firma Duttenhofer/Landenberger, im Vordergrund, boten Arbeitsplätze. Eine Werkzeug- und eine Maschinenfabrik entwickelten sich zu beachtlicher Größe. Die am Ort lebenden jüdischen Bürger betrieben einen lebhaften Handel. Der Ort ist recht weitläufig gebaut, so daß viele Häuser inmitten kleinerer Gärten oder Hofräume lagen, bis ein Teil davon dem modernen Straßenbau weichen mußte. Der älteste Teil des Orts ist im linken Bilddrittel zu erkennen: Die evangelische Remigiuskirche aus dem 18. Jahrhundert mit spätgotischem Turm und Staffelgiebel, die im Innern zwei Neuneck'sche Grabdenkmale enthält, das interessante Pfarrhaus aus dem 18. Jahrhundert, das massige Gebäude des ehemaligen Schlosses anstelle des 1807 abgebrannten Münch'schen Anwesens und die Pfarrscheuer.

1906

Die Ortsdurchsfahrt von Mühlen. Die beiden Gaststätten "Lamm" und "Löwen" haben einige bauliche Veränderungen erfahren. Der Brunnen im Vordergrund rechts und die Mauer daneben sind erst in jüngster Zeit dem Straßenausbau zum Opfer gefallen, während das Gebäude rechts noch steht. Darin war früher eine Schmiede eingerichtet. Die übrigen Veränderungen hat der Straßenbau mit sich gebracht: die Asphaltierung und die Anlegung der Gehwege. Vor dem "Löwen" biegt die Ortsdurchfahrt nach rechts in Richtung Eyach ab; die Straße links vom "Löwen" führt nach Eutingen.

1906

Die "Krone" in Mühlen, ehemals Wirtschaftsgebäude des Schlosses, gehört zu den ältesten Häusern am Ort. Ein Stein trägt die Jahreszahl 1538. Die Veranda, vor der Angehörige der Besitzerfamilie stehen, war damals Eingang. Im Jahr 1933 wurde dort ein Metzgergeschäft eröffnet und der Eingang nach rechts an die Ortsdurchfahrt verlegt. Im Hintergrund steht das Rathaus von 1840. Sein Türmchen ist 1965 beim Umbau entfernt worden. Das kleine Fachwerkgebäude rechts der Straße war Wasch- und Waaghäusle. Die Auffüllung der Straße vor der "Krone" stammt aus der Zeit, als die Furt über den Talbach durch eine Brücke für die Durchgangsstraße ersetzt worden ist.

1906

Die "Krone" in Mühlen ein Vierteljahrhundert später, jetzt bereits mit "Autogarage - Fremdenzimmer". Der Eingang zur Gastwirtschaft ist zur Straßenseite hin verlegt. Die Fahrbahn dicht am Haus ist aufgefüllt worden, weil die Ortsdurchfahrt besser ausgebaut worden ist. Links ist noch das "Schloß" zu sehen.

1936

Ein Bild der Zerstörung bot Mühlen nach dem "großen Wirbelsturm von 1913", wie jene Sturmkatastrophe in den Annalen dieses Horber Stadtteils und mehrerer Orte im Gäu genannt wird. Am Nachmittag des 4. Juni 1913 waren schwere Hagelwolken aufgezogen, die ein ungewöhnlich starkes Gewitter begleitete. Mühlen war am härtesten betroffen. Zeugen berichteten, man habe den Eindruck gehabt, der Sturm wüte gleich aus zwei Richtungen. In Mühlen sind die meisten Gebäude in Mitleidenschaft gezogen worden; manche wurden teilweise, andere ganz zerstört. In der Weberei Landenberger, bei der sogar der Fabrikschornstein umstürzte, erlitten von den etwa 50 Beschäftigten mehrere Personen schwere Verletzungen; viele wurden leicht verletzt.

1913

Hilf- und ratlos waren in Mühlen zunächst die Menschen, als sie das volle Ausmaß des Wirbelsturms vom 4. Juni 1913 begriffen; teilweise abgedeckte Dächer, von Regen und Hagel durchnäßte Dachböden und Wohnräume, zerstörte Fensterscheiben. Die örtlichen Feuerwehren waren tagelang im Einsatz; auch Militär kam zu Hilfe. Die Württembergischen Staatsbahnen boten Preisvergünstigungen beim Transport von Hilfsgütern. Vereinigungen und Zeitungen riefen zu Spenden für die Geschädigten auf.

1913

Starke Schäden richtete der Wirbelsturm auch in den Wäldern von Mühlen und den Nachbarorten an. Tausende Festmeter Sturmholz mußten mit Hilfe auswärtiger Waldarbeiter für den Abtransport hergerichtet werden, wie noch vorhandene Rechnungen der Ortschaftsverwaltung beweisen. Schätzungen sprechen von 60 Hektar Wald mit etwa 15 000 Festmetern, die der Sturm in den betroffenen Gemeinden vernichtet hat.

1913

In Rexingen tat sich die Landwirtschaft wegen der steilen Hänge schwer. Die Bürger jüdischen Glaubens, die seit dem 16. Jahrhundert dort lebten, trieben jedoch hauptsächlich Handel, brachten es teilweise zu einigem Wohlstand und prägten mit ihren ansehnlichen Gebäuden das Ortsbild ganz erheblich. Das Bild zeigt im linken Drittel, am Turm zu erkennen, die katholische Pfarrkirche von 1841. Rechts davon im Vordergrund sieht man die großen Dächer der Zehntscheuer und des Meiereigebäudes der einst bedeutenden Johanniterkommende, deren Güter 1806 an Württemberg übergingen.

Die Zehntscheuer mußte 1967 einer Mehrzweckhalle weichen. Das sehr hohe Heimanngebäude, markant in der Bildmitte am Hang stehend, besteht heute noch. Auch die durch ihr Fachwerk charakteristische Scheuer des Gasthauses Kreuz besteht als Wohnhaus weiter, während die Gaststätte abgebrochen wurde. Die Freiflächen rechts am gegenüberliegenden Hang sind heute Neubaugebiete.

1906

Erinnerungen an die Johanniterkommende Rexingens. Die katholische St. Johanneskirche im Hintergrund ist 1841 am Platz der alten Ordens- und Pfarrkirche errichtet worden. Auch der "Schandturm" mit seinem helmartigen Dach stammt, zumindest im unteren Teil, aus der Zeit des Johanniterordens.

Links vom Turm sind Reste der alten Schloßmauer der Johanniter zu sehen. Rechts vom Schandturm das ehemalige Vogteihaus, ebenfalls aus der Johanniterzeit stammend, das dann mit der Johanniterkommende 1803 an Württemberg überging. Eine große Freitreppe deutet auf das Besondere dieses Hauses hin. Eine weitere "Besonderheit", einen unterirdischen Gang, der das Vogteihaus anscheinend früher mit dem Schloß verbunden hat, suchten noch in den dreißiger Jahren dieses Jahrhunderts die Buben des Ortes mit Vorliebe - aber vergebens. Wichtig für das dörfliche Leben der Landwirte sowie der örtlichen Viehhändler, waren auch in diesem Jahrhundert noch lange die Kleinviehwaage in dem Schuppen links vom Schandturm und die Großviehwaage zwischen Turm und Vogteihaus. Am linken Bildrand ist das Gasthaus Sonne zu sehen, vor der Modernisierung und mit freiliegendem Fachwerk, wie man es in Rexingen zu jener Zeit häufig antreffen konnte.

1906

Das Rexinger Schulhaus. Rechts davon die "Friedenslinde" von 1870/71, die inzwischen gefällt worden ist. Seit 1818 hatte an derselben Stelle ein halb so großes Schul- und Rathaus gestanden, das um 1840 vergrößert werden sollte, weil Schulräume für die jüdische Gemeinde gesetzlich vorgeschrieben waren. Stattdessen wurde dieses Schul- und Rathaus 1841 als völliger Neubau errichtet, und unten, links vom Eingang, die "Judenschule" untergebracht. Als die Gemeindeverwaltung 1897 in einen Rathausneubau umziehen konnte, verlegte man die Schule für die jüdischen Kinder ins Obergeschoß. In die dadurch freiwerdenden Räumen konnte die erste Poststelle Rexingens einziehen. Nach gründlicher Renovierung wird das Gebäude heute noch als Schulhaus für die Grundschulklassen genutzt.

1906

Das ehemalige Postamt von Rexingen, heute Schöllerstraße 2. Vor dem Gebäude stehen Postexpeditor Balle, dessen Tochter später die erste Posthalterin Rexingens wurde, und (mit seinem Fahrrad) "Postschaffner" Johannes Sayer. Das Haus steht heute noch. Schloßbauer Gekle hatte unter der Bedingung, daß er die Post darin aufnehmen würde, die Erlaubnis zum Bau des Hauses auf dem Gelände der ehemaligen Johanniterkommende erhalten. 1904 konnte die Post einziehen. Rechts ist der Eingang zum ehemaligen Schalterraum zu sehen, links der Zugang zu einer Remise, in der unter anderem der "Postwagen", ein Handkarren, untergestellt war. Im Obergeschoß wohnte meistens der Posthalter.

Ab 1842 gab es in Rexingen eine regelmäßige Brief- und Paketpost; 1886 wurde eine Postagentur eingerichtet und 1887 auch eine Telegraphenanstalt für Rexingen eröffnet, um die sich vor allem die vielreisenden Kaufleute jüdischen Glaubens bemüht hatten. 1898 konnte die Post dann ins Schulgebäude verlegt werden. Die Agentur ist noch im selben Jahr in ein Postamt III umgewandelt worden. Inzwischen hat die Deutsche Bundespost längst andere, moderne Räumlichkeiten bezogen. Das alte Postgebäude ist heute Wohnhaus.

1906

Der ehemalige "Ihlinger Weg" in Rexingen, heute Lichtenbergstaße. Diese Straße, darunter die Brauerei zur Rose als zweites Gebäude auf der rechten Seite, wurde gewissermaßen in der zweiten Hälfte des 19. Jahrhunderts Neubaugebiet zwischen dem Schloßbereich und dem Gebiet in Richtung Friedhof und Ihlingen. Die Bebauung setzte ein, als die Pulverfabrik nicht mehr existierte. Die Besiedelung begann oben, im Vordergrund, in den fünfziger und sechziger Jahren, setzte sich talwärts fort und endete im Jahr 1893, als Schultheiß Josef Kinkele das letzte, im Bild rechts noch sichtbare Gebäude, mit dem Türmchen auf dem Dach, beziehen konnte.

1906

Der Rexinger Gasthof Deutscher Kaiser von Sigmund Gideon. Das Haus in der heutigen Freudenstädter Straße war bereits Speisewirtschaft, als Jakob Gideon am 31. August 1872 die Konzession für eine Gaststätte erhielt. Unter seinem Sohn Sigmund, der auch eine gutgehende Metzgerei betrieben hat, erlebte der Gasthof seine Blütezeit. Im unteren Geschoß war die Metzgerei; darüber befand sich die Gaststube. Sie war auch für allerlei Festivitäten stark gefragt, sofern nicht die größeren Räume der "Sonne" benötigt wurden. Christliche wie jüdische Bürger Rexingens wußten die gepflegte Küche zu schätzen.

Nach der Kaiserzeit wurde der Gasthof in "Ratsstube" umbenannt, war aber im Volksmund weiterhin der "Kaiser". Nach dem Zweiten Weltkrieg ist das Haus umgebaut worden, als eine Strickwarenfabrik dort ihre Produktion aufnahm. Links neben dem Gebäude ist der Aufgang zur ehemaligen Synagoge zu sehen, am rechten Bildrand das jüdische Gemeindehaus aus jener Zeit, das beim Ausbau der Ortsdurchfahrt abgerissen wurde.

1906

Das Rathaus von Altheim. Dieser Horber Stadtteil hat sich seit Beginn dieses Jahrhunderts in seinem alten Ortskern besonders stark verändert, weil die Dorfsanierung 1889 beinahe abgeschlossen war. Dieses Bild und die folgenden sind im alten Ortsmittelpunkt entstanden, wo Kirche, Rathaus, Schule, Kaufläden und Gasthöfe dicht beisammen lagen. Nur die Schule ist inzwischen verlegt worden. Das Rat- und Schulhaus ist 1844 erbaut worden. Als dieses Foto entstand, wurde das oberste Geschoß von der Gemeindeverwaltung genutzt, das mittlere als Lehrerwohnung. Im Erdgeschoß war die Gemeindebackküche untergebracht, rechts daneben befand sich später die Fernsprechvermittlungsstelle. Der Aufgang rechts vom Rathaus zur 1869/70 erbauten Pfarrkirche St. Marien, deren Turm in den Untergeschossen noch romanischen Ursprungs ist, wurde inzwischen verlegt. Das Türmchen auf dem Rathaus ist in den vierziger Jahren abgenommen worden, weil die Pfosten angefault waren. Das kleine Gebäude links vom Rathaus wurde abgebrochen. Das Grundstück ist Teil des Pfarrhausgartens.

1906

Das Gasthaus Sonne in Altheim. Diese Gaststätte, wie fast alle in Altheim mit seinem starken Fremdenverkehr, ist inzwischen mehrmals renoviert und modernisiert worden. Die Straße rechts neben dem Gebäude führt nach Salzstetten. Das kleinere Wohnhaus, einst Sattlerei Wehle, besteht nicht mehr; dort entstand eine kleine Grünanlage an der Straße. Saniert wurde dagegen das Haus am rechten Bildrand.

Das Gebäude ganz links, das noch das alte Firmenschild "Bäckerei Athanasius Scherrmann" trägt, ist heute hauptsächlich Wohnhaus. Im Erdgeschoß befand sich jahrzehntelang eine Schmiede. Der Dorfbrunnen ganz links ist in moderner Form als Teil einer Grünanlage mit Werbetafel und Telefonzelle erhalten geblieben.

1906

*Die ehemalige Poststelle von Altheim und Jakob Scherrmanns "Spezerei- und Manufakturenhandlung".
Links unter dem Schild "Telegraph" befand sich um 1906 eine kleine Poststube. Das Ladengeschäft, das von Anfang an ein breites Sortiment an Waren führte, gehört heute dem Enkel von Jakob Scherrmann, Albrecht Gekle.*

1906

*Das ehemalige Schulhaus von Altheim, ebenfalls Bahnhofstraße, wurde 1847 erbaut; zuvor war die Schule im Rathaus untergebracht. Seit 1969, als das moderne Schulzentrum bezogen werden konnte, dient es hauptsächlich Vereinszwecken. Im Erdgeschoß war unten links der Feuerwehrraum; die drei mittleren Eingänge führten zur Schule, und das Tor rechts zur Gemeindewaage. Im ersten Obergeschoß lag hinter den drei mittleren Fenstern die Wohnung des "Provisors"; er unterrichtete die ersten drei Klassen im Raum links der Wohnung.
Rechts fand der Unterricht für die Klassen vier und fünf statt. Die sechste und siebte Klasse teilten sich das zweite Obergeschoß mit einer Wohnung.*

1906

Das Gasthaus Ochsen in Altheim, in der Bahnhofstraße. Im Erdgeschoß des Hauses befand sich schon damals die Gaststube, im Stock darüber ein großer Saal für Veranstaltungen. Das Gasthaus ist mehrmals renoviert worden, zuletzt 1974, als auch die Scheuer mit einbezogen wurde.
Das Gebäude rechts war früher der "Bären". Es ist in den dreißiger Jahren von der Gemeinde gekauft und zeitenweise vom Bürgermeister bewohnt worden. Danach wurde es vermietet und gehört jetzt zum "Ochsen". Rechts außerhalb des Bildes befindet sich das Rathaus. Der Brunnen links ist teilweise für eine Neuanlage wiederverwendet worden. Das Haus links an der Bahnhofstraße wurde renoviert.

1906

Das Freibad von Altheim.
Es lag links unterhalb der Straße in Richtung Hochdorf und wurde vom Wasser der Steinach gespeist. Das Wasser und die Lage sorgten dafür, daß nur abgehärtete Badefreunde eine ungetrübte Freude hatten. Als die Behörden Ende der dreißiger Jahre auf Hygiene achteten, wurde es geschlossen. Das Gebäude beim Bad, die Untere Mühle, ist nach einem Brand ebenfalls abgebrochen worden. Vielleicht gab das ehemalige Freibad mit den Anstoß, daß nach dem Zweiten Weltkrieg Schwimmunterricht an der Schule besonders intensiv erteilt wurde.

1935

*Dettingen war bis zur Kreisreform von 1971 die engste Stelle, an der das hohenzollerische Unterland den Altkreis Horb in den Sulzer und den Horber Raum zweigeteilt hat. Der Ort ist 1082 erstmals urkundlich erwähnt. Die Besitzverhältnisse wechselten dann oft. Die Herren von Dettingen, anfangs Teddingen, traten 1554 einen Teil des Dorfes mit Unterdettingen, an das Burgreste am Ausgang des Diessener Tals noch erinnern, an die Herrn von Ow ab. Den übrigen Ort teilten sich die Herren von Wernau und ab 1725 das Stift Muri. 1803 kam Dettingen an Hohenzollern-Sigmaringen, danach bis 1925 ans Oberamt Haigerloch und schließlich, bis zur Eingemeindung nach Horb, noch an den Kreis Hechingen. Der Blick auf Dettingen zeigt etwas oberhalb der Bildmitte den würfelförmig wirkenden Schloßbau, der 1746 als Klosteramt des Stifts Muri gebaut wurde und heute Rathaus ist. Rechts davon die katholische Pfarrkirche St. Petrus, die 1740 etwa ihre jetzige Form erhielt. Zwischen dem Rathaus und dem Friedhof, der nahe dem linken Bildrand zu erkennen ist, steht die evangelische Kirche mit Pfarrhaus, die 1874 fertiggestellt wurde.
Ortskernprägend ist auch die Schloßscheuer nahe der katholischen Kirche.*

1907

Der Name des Weilers Neckarhausen (Husin) wird 1075 erstmals urkundlich erwähnt. Ein Ruotmann von Husin ist um 1095 Mitstifter des Benediktinerklosters Alpirsbach. Unter den häufig wechselnden Besitzern war auch das Kloster Muri, das den Weiler 1803 an Hohenzollern verkaufte. 1901 ist Neckarhausen nach Betra eingemeindet worden.

Blick auf Neckarhausen. Längs durchs Bild, am bewaldeten Hang und an der St. Ulrichskapelle vorbei, verläuft die Neckartalstraße, zwischen Dettingen und Sulz, heute Bundesstraße 14, etwas talwärts gelegen, die Bahnlinie Stuttgart-Zürich. Über die Spannbetonbrücke im Vordergrund führt seit dem Jahr 1900 die Straße nach Glatt. Die Kreuzung dieser Straße mit der Neckartalstraße und dem Weg an der Kapelle vorbei zum bergwärts gelegenen Betra, verhalfen Neckarhausen - auch wegen seiner Sägewerke am flößbaren Neckar sowie seiner Mühlen - zu einiger Bedeutung. Die Vorgängerin der St. Ulrichskapelle, die 1772 eingeweiht worden war, stand etwa vor dem unbewaldeten Hang, links von der jetzigen Kapelle. Jene alte Kapelle ist nach der Einweihung der St. Ulrichskapelle auf den Friedhof von Betra umgesetzt, aber 1971 abgebrochen worden. Etwas außerhalb des rechten Bildrandes ist 1988 eine Pfahljochbrücke über den Neckar instandgesetzt worden, die teilweise aus dem 13. Jahrhundert stammte.

1907

Am Rathausplatz von Betra steht das recht stattliche Verwaltungsgebäude des Orts aus dem Jahr 1879, das von Anfang an auch als Schule diente. 1986 konnte die ehemals hohenzollerische Gemeinde aufgrund einer Erwähnung in einer St. Galler Schenkungsurkunde ihr 1200jähriges Bestehen feiern. Das Rathaus im "Unterdorf" dient heute nur noch als Sitz der Ortschaftsverwaltung; die Hauptschule ist 1968 nach Horb, die Grundschule 1978 nach Empfingen verlegt worden. Rechts vom Rathauseingang befand sich in den dreißiger Jahren das Gemeindebad, unterm Dach von Anfang an die Arrestzelle, die heute leersteht. Das Gasthaus Krone ist heute, wie 1907, im Besitz der Familie Brett.

1907

Die St. Ulrichskapelle in Neckarhausen steht auf einer Terrasse hoch über dem Gelände. Um das Jahr 1910 war die Straße noch kaum befahren, so daß man versteht, weshalb vom Aufgang ein kanzelartiger Vorbau auf den Vorplatz hinausgebaut wurde. Die Kapelle ist 1891 geweiht worden. Ihr überwiegend der Frühgotik nachempfundener Stil, der sich in der Fassade wie im Innern in großer Reinheit zeigt, verleiht der kleinen Kirche auch nach hundert Jahren noch einen besonderen Reiz.

1910

Das "Oberdorf" von Betra mit der Gaststätte Adler, schon seit damals im Besitz der Familie Zimmermann, bietet ein für seine Zeit typisches Dorfbild. Leiterwagen mit Güllenfaß, Bauer mit Heugabel, Egge, Wagen zum Mistfahren, Hühner auf der Straße, Holz vor dem Haus. Erst im Jahre 1913 wurde der Ort mit Strom versorgt, 1920 wurde eine Milchsammelstelle eröffnet, 1937 eine Milchverwertungsgenossenschaft gegründet und 1956 sind die Ortsstraßen geteert worden.

1979 wurde Betra dann Beispielgemeinde für Dorfentwicklungsmaßnahmen. In dieser Zeit ist unter anderem auch die Laurentiuskirche renoviert worden. Die Großbrände in den Jahren 1922 im Unterdorf, 1928 im Gasthaus Hirsch, 1930 im Hinterdorf und 1955 im Oberdorf haben das Ortsbild stark verändern. 1986 ist der Rathausplatz neu gestaltet worden, gerade noch rechtzeitig zur 1200-Jahr-Feier.

1907

Empfingen ist die einzige ehemals hohenzollerische Gemeinde, die auch im Kreis Freudenstadt ihre Selbständigkeit bewahrt hat. Als "Amphinger marca" wird der Ort am 18. August 772 in einer Urkunde erstmals erwähnt. Nach vielen Besitzerwechseln kam die Gemeinde 1552 an Zollern. Bereits um das Jahr 1400 erhielt sie den Blutbann und wurde Marktflecken. 1806 ist die Gemeinde dem Oberamt Haigerloch zugeteilt worden und gehörte danach bis 1973 zum Kreis Hechingen. Außer der Landwirtschaft war das Bauhandwerk schon früh stark entwickelt. Empfinger Maurer arbeiteten seit Jahrhunderten auch in der Schweiz und im Elsaß. Gastronomie und Gewerbe entwickelten sich ebenfalls früh.

Der Rathausplatz von Empfingen. Das Rathaus, über dem der Kirchturm aufragt, diente bis 1962 auch als Schulhaus. Heute ist dort nur noch die Verwaltung von Empfingen mit und Ortsteilen Wiesenstetten und Dommelsberg untergebracht. Rechts das Gasthaus Krone, in der Konstantin Gaus bis 1973 als letzter der Familie noch eine Metzgerei betrieben hatte. Die Gaststätte besteht weiter. Das Fachwerkgebäude oberhalb der "Krone" ist das Geburtshaus des Dichters und "Revolutionärs" Franz Joseph Egenter (1805 bis 1890).

1907

Blick auf Empfingen aus Richtung Haigerloch in die Horber Straße. Der Brunnen im Vordergrund existiert nicht mehr. Der freie Raum ist jetzt Postparkplatz; das Postamt steht links außerhalb des Bildes. Wo früher die "Handlung Geschwister Bürkle" ihre Räume hatte, sind inzwischen eine Fahrschule und ein Reisebüro untergebracht. Der Platz um den Brunnen zeigt jenes dorfgerechte Pflaster, das sich die heutigen Stadtsanierer auch wieder wünschen. In dem hohen Giebelhaus rechts ist heute eine Gärtnerei. Im kleinen Gebäude rechts davon befindet sich ein Lebensmittelgeschäft. Im Hintergrund verläuft die Horber Straße am Rathausplatz vorbei. Die Landwirtschaft prägt noch sehr stark das Ortsbild: die Brunnen waren damals für die Viehtränke wichtig. Wo rechts das "Kuhfuhrwerk" steht und im Hintergrund sich ein anderes Gespann gemächlich durch den Ort bewegt, ist heute die belebte Durchgangsstraße, die auch als Autobahnzubringer dient. Abgestellte Leiterwagen haben damals noch niemanden gestört.

1907

Der Weiherplatz von Empfingen. Der Weiher, der zwischen den Pappeln glänzt, ist trockengelegt worden. Links ist 1953 die Schule gebaut worden, die 1963 nach "Weillinde" umziehen konnte. Das ursprüngliche Gebäude ist 1963 zum Vereinsheim erweitert worden. In dem kleinen Haus am rechten Ende des Weihers hatte der sozial engagierte Pfarrer und Abgeordnete der Frankfurter Nationalversammlung Joseph Sprißler nach 1840 eine "Suppenanstalt" für die Armen eingerichtet. Das Eckhaus an der Mühlheimer Straße, in der linken Bildhälfte, ist die "Rad-Stube". Im Gebäude rechts im Vordergrund ist heute eine Arztpraxis, zwischen ihr und der "Rad-Stube" steht eine Tankstelle. Vor der Kirche sind Zehntscheuer und Fruchtkasten mit Lehrerwohnung noch zu erkennen. Dort sind heute Vereine untergebracht.

1907

Der Rathausplatz von Empfingen. Diese heute auch "Latschareplatz" genannte Freifläche, an der von rechts die Horber von links die Haigerlocher und aus dem Hintergrund zur Bildmitte her die Mühlheimer Straße zusammentreffen, war schon immer Dorfmittelpunkt. Das schöne Fachwerkhaus Briegel, heute Albert Stotz, in dem sich der erste Krämerladen am Ort befand, ist mit einigem Aufwand saniert worden. Rechts vor diesem Gebäude beginnt der Kehlhof, Empfingens ältester Ortsteil. Das Eckhaus links, die "Handlung von Joseph Raible" ist in dieser Form 1880 anstelle eines Bauernhauses gebaut worden. Auch heute ist es noch Geschäftshaus. Die Häuser in der Mühlheimer Straße neben dem Fachwerkhaus von Albert Stotz mußten dem Straßenbau weichen. Jedoch stehen noch die beiden Gebäude im Hintergrund, quer zur Mühlheimer Straße an deren Abbiegung nach rechts. Das rechte Gebäude, der "Hirsch", hat keinen Dachaufbau mehr. Auch die Vorgärten von der ehemaligen "Handlung Raible" in Richtung "Hirsch" haben Zufahrten und Parkmöglichkeiten Platz machen müssen.

1907

Die Empfinger Kirche St. Georg ist 1860 eingeweiht worden. Das Schiff einer früheren Kirche war abgebrochen und etwas nördlich vom alten Standort neu aufgebaut worden. Der Turm der früheren Kirche, der 1860 sein achteckiges Pyramidendach erhalten hatte, stammt aus dem 14. Jahrhundert. Die Pfarrei gilt als eine der ältesten Zentralpfarreien. 1961 ist die Kirche dann gründlich renoviert worden.

Damals ist der achteckige Brunnen im Vordergrund, der gestalterische Funktion hatte, entfernt worden. Links unten an der Ecke steht das Ehrenmal für die Gefallenen der Kriege zwischen 1864 und 1870/71, das im Jahr 1905 errichtet wurde. Näher am Seiteneingang wurde den Opfern des Ersten Weltkrieges ein Denkmal gesetzt.

1906

Die Horber Straße in Empfingen, aus Richtung Rathausplatz. Das große Gebäude links an der Straße war die Pfarrscheuer. Sie ist von Michael Lanz, der von 1856 bis zu seinem Tod im Jahr 1890 Pfarrer in Empfingen war, letztmals landwirtschaftlich genutzt worden. Pfarrer Lanz, stets darauf bedacht, die ärmlichen Verhältnisse seiner Gemeindemitglieder zu lindern, hat viel zur Einführung besserer Getreide- und Kartoffelsorten getan und auch den Hopfen heimisch gemacht. Er hat außerdem, von den Bürgern tatkräftig unterstützt, die heutige Kirche gebaut. Die Scheuer ist in den sechziger Jahren abgebrochen worden. Im Haus gegenüber ist heute ein Elektrogeschäft.

1906

Zur Gemeinde Eutingen im Gäu gehören seit 1975 auch Göttelfingen, Rohrdorf und Weitingen. Alle vier Ortsteile pflegen ein reges Brauchtum. Eutingen ist in einer Schenkung an das Kloster Lorsch vom Jahr 767 als "Udinger marca" erwähnt. Der Ort kam 1381 mit der Grafschaft Hohenberg an Österreich und 1805 an Württemberg. Auf der Burg im Eutinger Tal waren bis ins 13. Jahrhundert die Herren von Eutingen. Die Landwirtschaft hat früher wegen der günstigen Voraussetzungen, die ihr das Gäu bietet, eine beachtliche Rolle gespielt. Nach dem Zweiten Weltkrieg suchten und fanden jedoch viele Einwohner der Gesamtgemeinde Arbeit in der Industrie der Nachbarschaft, vor allem aber im Ballungsgebiet des Mittleren Neckarraumes.

Das Rathaus und die katholische Pfarrkirche St. Stephan von Eutingen. Das alte Rathaus wurde im Zweiten Weltkrieg durch eine Bombe beschädigt, ist aber wieder instandgesetzt worden. Im hinteren Teil an der linken Seite war die Schule untergebracht. Das ganze Gebäude war vor etwa hundert Jahren aufgestockt worden. Das Rathaus ist inzwischen abgebrochen worden. Der Neubau steht jenseits der Kirche. Die Pfarrkirche ist ein interessanter Bau aus dem Jahr 1444, der 1966 renoviert worden ist.

1910

Eutinger Trachtenpaar. In Eutingen hatten die Einheimischen schon immer ein besonderes Verhältnis zu den alten Trachten. Einige originale Kleidungsstücke sind noch vorhanden. Sie werden von Familie zu Familie weitergereicht. Ihre Pflege und das Sammeln alter Berichte über das Brauchtum ist neuerdings auch ein Anliegen der Narrenzunft.

1907

Ein Blick in die Marktstraße von Eutingen, früher Vordere Gasse. Man erkennt diese Straße kaum wieder; sie mündet vor dem Haus "J. F. Akermann" in die heutige Bundesstraße 14. Auf der linken Straßenseite sind die letzten zwei Häuser abgebrochen worden.

1910

Die Haigerlocher Straße in Empfingen, vom Rathausplatz her. In dem Gebäude rechts mit dem Tor befindet sich, nach Umbau und Erweiterung, ein Versicherungsbüro. Das querstehende große Haus auf der rechten Straßenseite ist der "Adler". Die Gaststätte ist 1707 erstmals erwähnt. Sie besaß eine eigene Brauerei und war Lokal der Handwerkszünfte am Ort. Gegenüber, in die Straße hineinragend, steht das Gebäude mit der ehemaligen Lehrerwohnung. Zu den Lehrerskindern, die dort einige Jahre gelebt hatten, zählt der Bischof von Mainz, Prof. Dr. Karl Lehmann. Im unteren Geschoß befand sich die Hauswirtschaftsschule. Das Gebäude ist 1965 beim Ausbau der Ortsdurchfahrt abgebrochen worden.

1906

Die Haigerlocher Straße in Empfingen, mit Blick auf Rathausplatz und Kirche. Am linken Bildrand ist noch das Schild des Gasthauses Adler zu sehen, dahinter die "Handlung Geschwister Bürkle". Ganz rechts das Gasthaus Zum Rößle von Egidus Göttler. Dieses Gasthaus ist im Jahr 1808 erstmals erwähnt. Auch der Rößlewirt braute sein eigenes Bier. Inzwischen steht an dieser Stelle die Empfinger Bank. Rechts neben der Kirche ist die einstige Pfarrscheuer sichtbar.

1906

Blick auf Weitingen. Unten im Tal verläuft die Alte Steige, die zur Weitinger Mühle führt. Die obere Straße am Hang ist die heutige Steige von der Neckartalstraße nach Weitingen. Oberhalb der neuen Straße ist jetzt die Böschung dicht bewachsen; auch der ganze Hang ist inzwischen bewaldet. Die Ansicht von Weitingen, über das "Halde" genannte Gelände oberhalb der neuen Straße hinweg, hat sich in über 80 Jahren kaum gewandelt.

1906

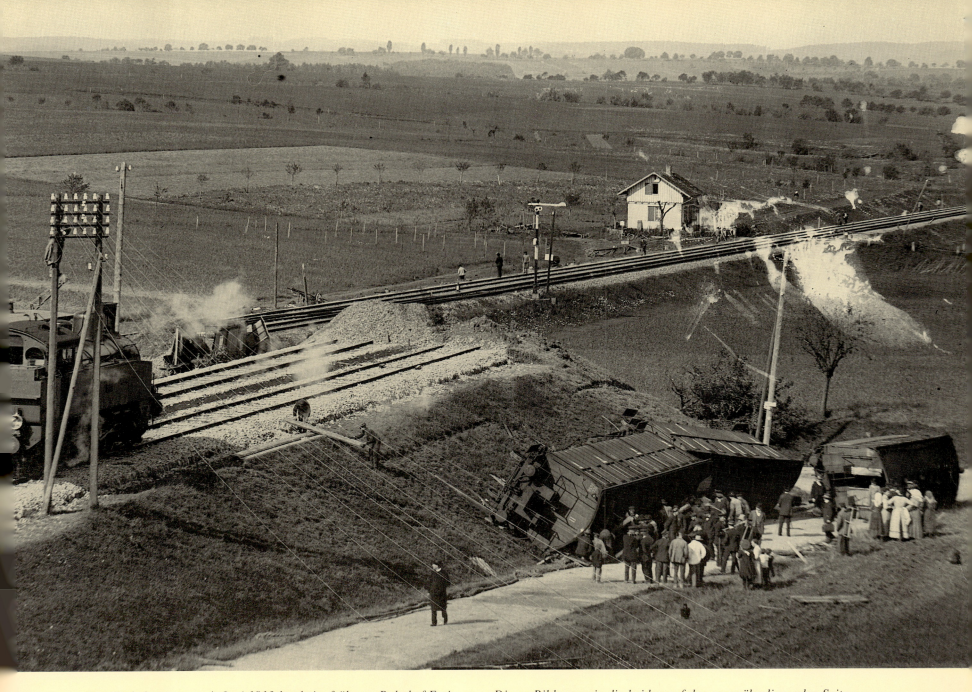

Der Wirbelsturm vom 4. Juni 1913 hat beim früheren Bahnhof Eutingen, der damals auf dem Gelände des heutigen "Alten Bahnhofs" stand, vier Eisenbahnwagen der Klasse vier aus den Gleisen gehoben. Zwei Wagen blieben an der Böschung liegen, einer blockierte die Zufahrtsstraße und der vierte wurde über die Straße hinweg in die Felder geworfen. Auch die Gleis- und Signalanlagen wurden stark beschädigt. Amtliche Schätzungen sprachen von 15 000 Mark Schaden am Bahnhofsgebäude und weiteren 60 000 bis 80 000 Mark Materialschaden an Einrichtungen und Wagen.

1913

Dieses Bild war wie die beiden auf der gegenüberliegenden Seite, seinerzeit als Postkarte weit verbreitet. Es zeigt die ersten Bemühungen der Württembergischen Staatsbahn, die Waggons wieder aufzurichten. Bis zum Abschluß dieser Bergeaktion mußten die Züge der Gäubahn über Herrenberg und Tübingen nach Horb umgeleitet werden. Erst allmählich wurde damals bekannt, daß der Wirbelsturm auch in Ahldorf schwer gewütet hatte, ebenso in Eutingen, Baisingen und Rohrdorf. Die Spur beschädigter Häuser, umgerissener oder umgeknickter Bäume zog sich von Baisingen über das Eutinger Bahnhofsgebiet hinunter nach Mühlen und auf die gegenüberliegende Höhe bei Ahldorf hinauf.

1913

Das Geschäftshaus von "B. Mayer" in Weitingen. Das Haus führte nicht nur Bettfedern und fertige Betten, sondern Bonaventura Mayer konnte seiner Kundschaft auch mit "Mode- und Aussteuerartikeln, Herren-Confection und Colonialwaren" aufwarten. Bonaventura Mayer war außerdem Schultheiß. Auf seine Initiative und mit Unterstützung von Pfarrer Nicolaus Dreher ist 1889 die Darlehenskasse Weitingen gegründet worden, die inzwischen Jubiläum feiern konnte.

In dem Gebäude rechts im Hof wohnten die Geschwister Lambert Schweizer und Elisabeth Krauss, die das Geschäft zeitweilig geführt hatten. Diese beiden Häuser und das links angrenzende, mit Ausnahme des hohen Giebelgebäudes, haben in den sechziger Jahren einem modernen Kaufhaus Platz gemacht.

1906